全国高职高专国际贸易专业理实一体化系列教材

报关实务与操作

——习题与实训

陈相芬 主编

清华大学出版社
北京

内 容 简 介

本书是《报关实务与操作》的配套习题与实训用书。第一篇为习题与实训，章节顺序与主教材一致，内容是各章的同步练习与实务操作，主要题型有单项选择题、多项选择题、判断题、案例分析题、实务操作题等。第二篇是习题与实训的答案与解析。

本书可作为高职院校国际贸易专业、报关实务专业、外贸英语专业、物流专业及其他相关专业的教材，也可作为报关水平测试的辅导用书。

图书在版编目(CIP)数据

报关实务与操作：习题与实训/陈相芬主编. --北京：清华大学出版社，2015
全国高职高专国际贸易专业理实一体化系列教材
ISBN 978-7-302-40308-1

Ⅰ. ①报… Ⅱ. ①陈… Ⅲ. ①进出口贸易－海关手续－中国－高等职业教育－教学参考资料 Ⅳ. ①F752.5

中国版本图书馆 CIP 数据核字(2015)第 113255 号

责任编辑：陈凌云
封面设计：毛丽娟
责任校对：刘 静
责任印制：沈 露

出版发行：清华大学出版社
网 址：http://www.tup.com.cn，http://www.wqbook.com
地 址：北京清华大学学研大厦 A 座 **邮 编**：100084
社 总 机：010-62770175 **邮 购**：010-62786544
投稿与读者服务：010-62776969，c-service@tup.tsinghua.edu.cn
质量反馈：010-62772015，zhiliang@tup.tsinghua.edu.cn
课件下载：http://www.tup.com.cn，010-62795764
印 装 者：清华大学印刷厂
经 销：全国新华书店
开 本：210mm×285mm **印 张**：7.25 **字 数**：217 千字
(附光盘 1 张)
版 次：2015 年 11 月第 1 版 **印 次**：2015 年 11 月第 1 次印刷
印 数：1～3000
定 价：20.00 元

产品编号：059958-01

丛书序

随着我国经济发展进入新常态，我国的对外贸易也进入了以稳增长、调结构、提质量为特征的新常态。这对我国国际贸易和国际商务人才的培养提出了新的挑战。

中国国际贸易促进委员会商业行业分会、中国国际商会商业行业分会（以下简称“中国贸促会商业分会”），是1988年经中国国际贸易促进委员会批准成立的全国性行业贸易促进机构，在促进中国商品流通行业开展对外贸易、利用外资、引进国外先进技术、推动双边和多边交往合作，推进校企合作、培养高素质技能型外贸人才等方面发挥着积极作用。

为加强国际商务领域的科研工作，推动国际贸易职业技能综合实训教学资源研究、开发与应用，中国贸促会商业分会决定开展全国国际商务科研“十二五”规划2014年度课题（国际贸易职业技能综合实训教学资源开发研究专项课题）的立项申报。该课题共包括5项子课题，课题名称及课题主持人分别是：“进口业务操作”实训教学资源开发研究（北京劳动保障职业学院姜宏）、“出口业务操作”实训教学资源开发研究（北京劳动保障职业学院姜宏）、“报关实务与操作”实训教学资源开发研究（苏州经贸职业技术学院陈相芬）、“报检实务操作”实训教学资源开发研究（四川商务职业学院曾理）、“外贸单证操作”实训教学资源开发研究（浙江金融职业学院章安平）。

该课题的研究成果包括两部分内容：一是“全国高职高专国际贸易专业理实一体化系列教材”的编写；二是外贸实训软件及实训教学资源的开发。

参与本课题研究和教材编写的老师都是国际贸易领域的优秀教师，他们编写的教材都入选了“十二五”职业教育国家规划教材。本套教材的编写，充分参照了《国际贸易业务的职业分类与资质管理》（GB/T 28158—2011）和《高等职业学校国际贸易实务专业教学标准（试行）》的要求，力求突出以下三个特点：理实一体，突出实务操作技能培养；仿真单证，强调真实业务操作体验；配套光盘，全真演练外贸软件操作。

为充分体现“理实一体化”的编写思路，帮助学生提升业务操作技能，本套教材配套有北京南北天地科技股份有限公司开发、制作的“外贸实训软件与单证考试练习系统演示”光盘，视频演示外贸实训软件和外贸单证考试软件的应用与管理。用户可以通过每本书封底附赠的“刮刮卡”获取该软件的免费试用账号，有条件的院校可以尝试应用该软件进行教学。

培养外贸专业人才，促进对外贸易发展，是中国贸促会商业分会的使命与责任。本课题是在外贸新常态下，充分整合行业、企业、院校资源所进行的有益尝试，希望能对高职国际贸易、国际商务专业教学提供帮助。

中国国际贸易促进委员会商业行业分会会长

2015年6月

前言

为了适应高等教育结构的调整，大力发展高等职业教育，我们组织了长期从事国际贸易专业教学、实践和科研工作的教师与海关干部以及报关企业工作人员，根据有关进出口商品检验、检疫和通关的法律与惯例，结合我国外贸实践，编写了专门阐述报关实务知识与操作技能的教材——《报关实务与操作》。本书是《报关实务与操作》的配套习题与实训用书，是国家示范性高职院校项目建设成果。

本书分为两篇。第一篇是对教材主要概念和规则的理解运用，通过单项选择题、多项选择题、判断题、案例分析题、实务操作题等进行练习与实训，主要内容包括报关与海关管理、报关与对外贸易管制、海关监管货物的报关程序、进出口商品归类、进出口税费、进出口货物报关单填制、与报关工作相关的法律制度。第二篇是第一篇内容的答案与解析。

本书既方便学生练习，又方便教师授课、考核，同时还提供了案例分析题和实务操作题，以提升学生的具体实务操作能力。本书重点突出、题型标准、答案简明、信息量大、针对性强，能帮助学生在短时间内掌握重点和难点知识，快速掌握报关技能。

本书由苏州经贸职业技术学院的陈相芬副教授主编；苏州经贸职业技术学院张建华教授担任主审；北京南北天地科技股份有限公司的聂丽霞经理和苏州报关有限公司的陈芳卉经理也参与了本书部分章节的编写工作。本书最后由陈相芬统稿、修改并总纂。

本书的顺利出版，要感谢苏州经贸职业技术学院领导对本书立项的支持，特别感谢杨频副院长对本书编写的鼓励和支持。同时要感谢会计与国贸学院的领导和国际贸易系的老师给予的大力支持与帮助！本书在撰写过程中走访了多家外贸和报关企业，参考了大量的书籍和文献，书中未一一列出，在此一并向有关企业、作者和出版社表示衷心的感谢！

由于编者水平和能力所限，书中难免存在不妥之处，敬请读者指正并提出宝贵意见。

编　者

2015 年 6 月于苏州

目　录

第一篇　习题与实训

第二篇　答案与解析

第一篇

习题与实训

第一章

报关与海关管理

一、 单项选择题

1. 报关是指进出境运输工具的负责人、进出境物品的所有人、进出口货物的收发货人或其代理人向(　　)办理进出境手续的全过程。

A. 边检　　B. 海关

C. 进出境商品检验检疫局　　D. 外经部门

2. 由委托企业委托,以委托人的名义办理报关业务的行为叫作(　　)。

A. 直接代理报关　　B. 间接代理报关　　C. 自理报关　　D. 跨关区报关

3. 根据《海关法》规定,(　　)是海关对进出境物品监管的基本原则,也是对进出境物品报关的基本要求。

A. 合理在境内使用原则　　B. 合法进出境原则

C. 自用合理数量原则　　D. 不在转让原则

4. 按照法律规定,(　　)不列入报关范围。

A. 进出境运输工具　　B. 进出境货物　　C. 进出境物品　　D. 进出境旅客

5. 根据《海关法》规定,中华人民共和国海关属于(　　)。

A. 司法机关　　B. 税收机关　　C. 立法机关　　D. 行政机关

6. 扣留走私罪嫌疑人,一般不超过(　　)小时,特殊情况可延长至(　　)小时。

A. 5;10　　B. 12;20　　C. 24;48　　D. 12;18

7. 根据我国缉私体制,(　　)不具有查缉走私的权力。

A. 工商部门　　B. 法院　　C. 税务部门　　D. 烟草专卖部门

8. 海关行使(　　)权力时,需经直属海关关长或者其授权的隶属海关关长批准。

A. 在调查走私案件时,查询案件涉嫌单位和涉嫌人员在金融机构、邮政企业的存款、汇款

B. 在海关监管区和海关附近沿海沿边规定地区,检查走私嫌疑人的身体

C. 在海关监管区和海关附近沿海沿边规定地区,检查有走私嫌疑的进出境运输工具

D. 询问被稽查人的法定代表人、主要负责人员和其他有关人员与进出口活动有关的情况和问题

9. 海关对有走私嫌疑的运输工具和有藏匿走私货物、物品嫌疑的场所行使检查权时,(　　)。

A. 不能超出海关监管区和海关附近沿海沿边规定地区的范围

B. 不受地域限制,但不能检查公民住处

C. 在海关监管区和海关附近沿海规定地区,海关人员可直接检查;超出这个范围,只有在调查走私案件时,才能直接检查,但不能检查公民住处

D. 在海关监管区和海关附近沿海规定地区,海关人员可直接检查;超出这个范围,只有在调查走私案件时,经直属海关关长或其授权的隶属海关关长批准才能进行检查,但不能检查公民住处

10. 进出口货物纳税义务人自规定的纳税期限届满之日起超过(　　)未向海关申报的,经关长批准,海关可以依法变卖应税货物,以变卖所得抵缴税款。

A. 30 日　　B. 3 个月　　C. 15 日　　D. 6 个月

11. 对违反《海关法》或其他法律、行政法规的嫌疑人进行查问，调查其违法行为是海关的权力之一，这种权力属于(　　)。

A. 检查权　　B. 查阅、复制权　　C. 查问权　　D. 查询权

12. 工商行政管理部门查获的应当给予行政处罚的香烟走私案件，应移送(　　)依法处理。

A. 海关　　B. 税务部门

C. 上一级工商行政管理部门　　D. 烟草专卖部门

13. 海关对走私的货物、物品及违法所得处以没收，对有走私行为和违反海关监管规定行为的当事人处以罚款，对有违法情事的报关员处以暂停或取消报关资格的处罚。海关的此项权力属于(　　)。

A. 稽查权　　B. 检查权　　C. 行政处罚权　　D. 强制执行权

14. 进出口货物的纳税义务人自规定的纳税期限届满之日起超过3个月未缴纳税款的，经关长批准，海关可以依法变卖应税货物，以变卖所得抵缴税款。海关的此项权力属于(　　)。

A. 稽查权　　B. 行政处罚权　　C. 扣留权　　D. 行政强制权

15. (　　)不得设定对管理相对人的处罚。

A. 海关法　　B. 行政法规　　C. 海关规章　　D. 海关公告

16. 取得报关单位资格的法定要求是(　　)。

A. 是对外贸易经营者　　B. 是境内法人或其他组织

C. 经海关注册登记　　D. 有一定数量的报关员

17. (　　)不属于报关单位。

A. 经海关批准，在海关临时注册登记的中国科学院

B. 在海关注册登记的代理报关业务的企业

C. 经海关批准，在海关临时注册登记的接受捐赠的单位

D. 在海关注册登记，受加工贸易经营企业的委托，开展保税加工业务的企业

18. (　　)不是报关单位。

A. 在海关注册登记的国际货物运输代理公司

B. 在海关注册登记的报关企业

C. 经海关批准在海关临时注册登记的船舶代理企业

D. 在海关注册登记的经营转关运输货物境内运输业务的某承运人

19. 接受进出口货物收发货人的委托，准确无误地填写进出口货物报关单和报关数据的预录入，陪同海关查验，对货物进行税则归类，提供报关事宜咨询服务等项工作，是(　　)的基本业务范围。

A. 进出口货物收发货人　　B. 海关

C. 报关企业　　D. 银行

20. 进出口货物收发货人在办理报关业务时，向海关递交的纸质报关单必须加盖(　　)。

A. 公司财务章　　B. 公司人事章

C. 公司公章　　D. 在海关备案的报关专用章

21. 报关企业注册登记许可期限为(　　)年。

A. 1　　B. 2　　C. 3　　D. 4

22. 报关企业分支机构应当在有效期届满前(　　)日持备案规定的材料到分支机构所在地海关办理换证手续。

A. 10　　B. 20　　C. 30　　D. 40

23. 海关对企业行政处罚信息的公示期限为(　　)年。

A. 1　　B. 2　　C. 3　　D. 5

二、多项选择题

1. 以下哪些货物进出境需向海关办理报关手续？(　　)

A. 一般进出口货物　　B. 通过电缆输送进出境的电

C. 通过管道方式输送进出境的石油　　D. 北京汽车展参展的汽车

2. 报关的范围包括(　　)。

A. 进出境货物　　B. 进出境物品

C. 进出境运输工具　　D. 通过国际速递企业进出境的快件

3. 下列关于进出境旅客申报制度表述正确的有(　　)。

A. 进出境旅客携带的物品在价值上超过免税限额,应选择“红色通道”向海关进行申报

B. 进出境旅客携带物品在数量上超过免税限额,应选择“红色通道”向海关进行申报

C. 进出境旅客携带物品在数量和价值上均不超过免税限额,但属于国家限制进出境物品,应向海关申报

D. 进出境旅客没有携带应向海关申报物品的,无须填写申报单,应选择“绿色通道”通关

4. 我国是《万国邮政公约》的签约国之一,根据这一公约的规定,进出境邮递物品的报税单和绿色标签应随同物品通过(　　)企业或当事人呈递给海关。

A. 快递公司　　B. 外贸公司　　C. 邮政企业　　D. 收、发货人

5. 下列关于进出口货物报关的表述正确的有(　　)。

A. 进出口货物报关是指进出口货物收发货人或其代理人向海关办理货物进出境手续及相关海关事务的过程

B. 进出口货物的报关手续只能在进出境地海关办理

C. 进出口货物报关可以由进出口收发货人自行办理,也可以委托报关企业代为办理

D. 进出口货物报关应由在海关注册登记的报关员办理

6. 进出口货物收发货人进口货物可采用的报关方式有(　　)。

A. 自理报关

B. 委托报关公司以委托人的名义代理报关

C. 委托已在海关办理报关注册的货代公司以委托人的名义代理报关

D. 委托报关公司以报关公司的名义代理报关

7. 使馆和使馆人员携运进出境物品进出境时,不准进出境的情况是(　　)。

A. 携运进境的物品超出海关核准的直接需用数量范围的

B. 未依照规定向海关办理有关备案、申报手续的

C. 未经海关批准,擅自将已免税进境的物品进行转让、出售等处置后,再次申请进境同类物品的

D. 携运中国政府禁止或者限制进出境物品进出境,应当提交有关证件而不能提供的

8. 海关在行使检查权时,需经直属海关关长或其授权的隶属海关关长批准的是(　　)。

A. 在海关监管区和海关附近沿海沿边规定地区以外,检查进出境运输工具

B. 在海关监管区和海关附近沿海沿边规定地区,检查走私嫌疑人的身体

C. 在海关监管区和海关附近沿海沿边规定地区以外,检查有走私嫌疑的运输工具

D. 在海关监管区和海关附近沿海沿边规定地区以外,检查有藏匿走私货物嫌疑的场所

9. 海关作为国家进出关境的监督管理机关,下列属于海关行政检查权限范围的是(　　)。

A. 检查进出境运输工具　　B. 检查有藏匿走私货物嫌疑的场所

C. 检查走私嫌疑人的住处　　D. 检查走私嫌疑人的身体

10. 根据《中华人民共和国海关法》规定,海关的基本任务是(　　)。

A. 监管　　B. 征税　　C. 缉私　　D. 编制海关统计

11. 海关的性质是(　　)。

A. 海关是国家行政机关　　B. 海关是国家进出国境的监督管理机关

C. 海关的监督管理是国家行政执法活动　　D. 海关是国家司法机关

12. 在有关当事人不依法履行义务的前提下，为实现海关的有效行政管理，海关可以进行行政强制执行，包括(　　)。

A. 进出口货物的纳税义务人逾期缴纳税款的，由海关征收滞纳金

B. 进出口货物的纳税义务人自规定的纳税期限届满之日起超过 3 个月未缴纳税款的，经关长批准，可以书面通知其开户银行从其存款中扣缴税款

C. 当事人逾期不履行海关的处罚决定又不申请复议或者提起诉讼的，海关可以将其保证金抵缴或者将其被扣留的货物、物品、运输工具依法变价抵缴

D. 误卸的进境货物，原运输工具负责人或货物的收发货人逾期未办理退运或者进口手续的，由海关提取依法变卖处理

13. 需要经过直属海关关长或者其授权的隶属海关关长批准的有(　　)。

A. 对于走私嫌疑的运输工和有藏匿走私货物、物品嫌疑的场所，在两区外进行检查时

B. 查询案件涉嫌单位和人员在金融机构、邮政企业的存款、汇款

C. 在海关监管区和海关附近沿海沿边规定地区，对有走私嫌疑的运输工具、货物进行扣留的

D. 对进出境货物、物品进行查验时

14. 海关权力行使的基本原则有(　　)。

A. 合法原则　　B. 适当原则　　C. 依法独立行使原则　　D. 依法受到保障原则

15. 海关的设关原则有(　　)。

A. 对外开放口岸　　B. 海关监管业务集中的地点

C. 人口多的地方　　D. 边境

16. 根据《中华人民共和国海关法》的规定，海关可以行使的权力有(　　)。

A. 检查进出境运输工具、查验进出境货物、物品

B. 查阅、复制与进出境运输工具、货物、物品有关的合同、发票、账册、单据、记录、文件、业务函电、录音、录像制品和其他资料

C. 在调查案件时，调查关员可以直接查询案件涉嫌单位和涉嫌人员在金融机构、邮政企业的存款、汇款

D. 在调查案件时，经直属海关关长或其授权的隶属海关关长批准，可以扣留走私犯罪嫌疑人，扣留时间不超过 24 小时，特殊情况可延长至 48 小时

17. 属于海关行政强制措施的有(　　)。

A. 在两区内，经关长批准，对有证据证明有走私嫌疑的运输工具、货物、物品进行扣留

B. 对有违反海关法的嫌疑人进行查问，调查其违法行为

C. 经关长批准封存被稽查人的货物

D. 对于海关监管货物加施封志

18. 根据制定的主体和效力的不同，我国海关法律体系的基本组成部门有(　　)。

A. 法律　　B. 行政法规　　C. 部门规章　　D. 地方性法规

19. 属于报关单位的有(　　)。

A. 经海关注册登记国际货物运输代理公司

B. 经海关批准在海关临时注册登记的船舶代理企业

C. 在海关注册登记的从事加工贸易生产加工的企业

D. 在海关办理了注册登记的我国境内的某外商独资企业

20. 根据海关有关管理规定，目前可以向海关办理报关注册手续，海关对于符合条件的(　　)予以核发登记证书。

A. 专门从事报关服务的企业

B. 经营国际货物运输代理等业务，并接受委托代办进出口货物报关的企业

C. 有进出口经营权的企业

D. 从国外进口音像制品的中央电视台

21. 报关企业设立分支机构应当向其分支机构所在地海关提交的备案材料有(　　)。

A. 报关单位情况登记表

B. 报关企业中华人民共和国海关报关单位注册登记证书复印件

C. 分支机构营业执照副本复印件以及组织机构代码证书副本复印件

D. 报关服务营业场所所有权证明复印件或者使用权证明复印件

22. 失信企业适用海关下列(　　)管理原则和措施。

A. 较高进出口货物查验率　　B. 进出口货物单证重点审核

C. 加工贸易等环节实施重点监管　　D. 海关总署规定的其他管理原则和措施

三、 判断题

1. 直接代理是指报关企业接受委托人的委托,在进行报关时以报关企业自身的名义向海关办理报关。(　　)

2. 我国报关企业目前大都采取直接代理形式代理报关,即接受委托人(进出口货物收发货人)的委托,以报关企业自身的名义向海关办理进出口报关手续。(　　)

3. 带有绿色标志的通道适用于携运物品在数量上和价值上都超过免税限额的旅客。(　　)

4. 进出境物品超过自用、合理数量的,列入海关统计。(　　)

5. 进出口时,需要办理报检的货物,办理完报关手续后,再办理报检手续。(　　)

6. 对进出境物品,世界大多数国家都规定旅客进出境采用“红绿通道制度”,我国也采用“红绿通道制度”。(　　)

7. 间接代理报关只适用于经营快件业务的国际货物运输代理企业。(　　)

8. 进境运输工具载有货物、物品的,运输工具负责人应当在规定时限向海关传输原始舱单主要数据,并在进境货物、物品运抵目的港以前向海关传输原始舱单其他数据。(　　)

9. 出境运输工具预计载有货物、物品的,舱单传输人应当在办理货物、物品申报手续以前向海关传输装载舱单主要数据。(　　)

10. 使馆和使馆人员运进的机动车辆,应填写申报单,无须递交使馆照会。(　　)

11. 经海关登记准予暂时免税进境或者暂时免税出境的物品,应当由本人复带出境或者复带进境。(　　)

12. 我国海关现行的领导体制是垂直领导体制。(　　)

13. 中华人民共和国海关是国家的进出国境监督管理机关。(　　)

14. 海关总署受国务院领导,地方直属海关受海关总署和地方政府双重领导。(　　)

15. 海关总署是国务院的直属机构。直属海关由海关总署领导,负责管理一定区域范围内海关业务的海关。(　　)

16. 我国的关境大于国境。(　　)

17. 武汉海关依照湖北省政府颁发的法规进行执法。(　　)

18. 我国关税征收的主体是国家,在我国是由税务部门代表国家行使征收关税职能。(　　)

19. 海关对进出境运输工具的检查应在海关监管区和海关附近沿海沿边地区内进行。(　　)

20. 海关对进出境运输工具的检查不受海关监管区域的限制。(　　)

21. 直属海关是负责办理具体海关业务的海关,是海关进出境监督管理职能的基本执行单位。(　　)

22. 根据《中华人民共和国海关法》规定的设关原则,如果海关监督管理需要,国家可以在现有的行政区划之外安排海关的上下级关系和海关的相互关系。(　　)

23. 海关缉私警察机构由海关总署、公安部联合组建走私犯罪侦查局,设在海关总署,实行海关总署和公安部双重领导,以公安部领导为主的体制。(　　)

24. 我国实行联合缉私、统一处理、综合治理的缉私体制，海关在打击走私中处于主导地位，并负责与有关部门的执法协调工作。 ( )

25. 省、自治区、直辖市人民代表大会和人民政府制定的地方法规、地方规章也是海关的执法依据。 ( )

26. 海关统计是国家进出口货物贸易统计，是国民经济统计的组成部分。 ( )

27. 海关调查人员在调查走私案件时，可以径行查询案件涉嫌单位和涉嫌人员在金融机构、邮政企业的存款、汇款。 ( )

28. 制定海关规章及规范性文件时，其条文不得与《海关法》及行政法规相冲突，海关规章及规范性文件的法律效力低于法律和行政法规。 ( )

29. 海关规章是海关日常工作中引用数量最多、内容最广、操作性最强的法律依据，其效力等级高于行政法规，是以公告的形式对外发布的。 ( )

30. 海关统计是以实际进出口物品作为统计和分析的对象，是国民经济统计的组成部分。 ( )

31. 实际进出境并引起我国境内物质存量增加或减少的货物，列入海关统计。 ( )

32. 海关查验货物认为必要时，可以径行提取货样。 ( )

33. 查缉走私是海关依照法律赋予的权力，在海关监管场所和海关附近的沿海沿边规定地区，为发现、制止、打击、综合治理走私活动而进行的一种调查和惩处活动。 ( )

34. 海关总署令不得设定对管理相对人的处罚。 ( )

35. 报关单位向海关申请注册登记是其取得报关资格的法定条件。 ( )

36. 被工商行政管理部门吊销企业法人营业执照的报关单位，海关仍允许其进行专业报关业务活动。 ( )

37. 在办理报关业务时向海关递交的报关单上应盖有公司的公章。 ( )

38. 报关单位是指依法在工商管理部门注册登记的报关企业和进出口货物收发货人。 ( )

39. 我国报关企业大都采取间接代理报关。 ( )

40. 《海关法》将报关单位划分为进出口货物收发货人和报关企业两种类型。 ( )

四、 实务操作题

(一) 2012 年 11 月 28 日，97 台日本生产的二手挖掘机被国际运输船舶载抵上海外高桥港。到港后，该船就向外高桥海关申报进境，从该船向海关递交的载货清单上看，该批货物的收货人是杭州绮丽进出口公司(以下简称“绮丽公司”)。但是该船申报进境后，收货人迟迟不露面。

2013 年 2 月 23 日，外高桥海关根据载货清单上的地址，向绮丽公司发出了催报通知，请绮丽公司在 2013 年 2 月 28 日前向海关办理货物进口报关手续，并申明如逾期不向海关办理报关手续，海关将按《海关法》二十一条的规定提取变卖该批货物。3 月 1 日，收货人通过地方政府部门以无法领取机电产品进口证明为由，向外高桥海关提出退运该批货物的申请。由于其提出退货申请的时间超过海关总署有关规定的退运提出期限，不符合退运条件，外高桥海关于 4 月 7 日给出答复，不同意退运，并告知收货人，海关决定提取拍卖该批货物。受海关委托，一通公物拍卖行定于 2014 年 4 月 22 日举行该批货物的公开拍卖会。

2014 年 4 月 12 日，收货人向上海市中级人民法院提起行政诉讼，请求法院撤销外高桥海关做出的不准原告退运，并决定提取变卖该批货物的行政行为。

2014 年 4 月 22 日，97 台二手挖掘机在外高桥市进行公开拍卖，拍卖所得价款共计 4277.7 万元。

在法院做出最终判决之前，杭州绮丽进出口公司找到了汉德报关行，请教胜诉的可能性。汉德报关行的报关员王红接受了此项工作，她需要完成以下任务。

任务 1：确定海关是否有权变卖处理超期未报关货物。

任务 2：了解海关如何变卖超期未报关货物。

任务 3：告知绮丽公司需要具备哪些条件才有权申领余款。

任务 4：给绮丽公司提供具体建议。

（二）孔乙己公司是 2014 年 9 月在浙江绍兴市高新技术区新建的外商投资企业，主营涤纶丝的生产，尚未办理进出口备案手续，也未注册登记为报关单位，现因业务需要，要拓展国外市场，货物主要从上海、宁波口岸进出。孔乙己公司安排小丁去办理相关手续。

小丁的工作任务包括以下几项。

任务 1：帮助公司获得外贸经营权。

任务 2：获得外贸经营权以后，了解货物进出口会涉及哪些部门，要到哪些部门进行备案注册？

任务 3：了解清楚备案注册要提交哪些主要资料。

第二章 报关与对外贸易管制

一、单项选择题

1. 我国出入境检验检疫的主管部门是(　　)。

A. 国家质量监督检验检疫总局　　B. 海关

C. 工商局　　D. 税务局

2. 属于自由进出口的技术应当向国务院外经贸主管部门办理登记,国务院外经贸主管部门应当自收到规定的文件之日起(　　)个工作日内对技术进口合同进行登记,颁发技术进出口合同登记证。

A. 2　　B. 3　　C. 5　　D. 7

3. 临时反倾销措施实施的期限,自临时反倾销措施决定公告规定实施之日起,不超过(　　)个月,特殊情况,可以延长至(　　)个月。

A. 6;12　　B. 5;8　　C. 4;9　　D. 3;6

4. 反补贴、反倾销是针对(　　)而采取的措施。

A. 进口产品激增的情况　　B. 价格歧视

C. 国别歧视　　D. 数量不足

5. (　　)针对的是进口产品激增的情况而采取的对外贸易救济措施。

A. 反倾销　　B. 反补贴　　C. 保障措施　　D. 知识产权措施

6. 对于限制出口货物管理,国家规定有数量限制的出口货物,实行(　　)。

A. 许可证件管理　　B. 配额管理　　C. 自动出口管理　　D. 禁止出口管理

7. 属于自由进出口的技术,申请人凭(　　)办理外汇、银行、税务、海关等的相关手续。

A. 技术进出口合同登记证　　B. 自动进口许可证明

C. 技术进口许可证　　D. 科技部的批文

8. 最终保障措施的实施期限一般不超过(　　)年,特殊情况需要延长的,保障措施全部实施期限不得超过(　　)年。

A. 2;5　　B. 4;10　　C. 5;8　　D. 10;20

9. 某报关企业接到客户关于以一般贸易方式进口旧汽车有关政策的咨询,下列答复正确的是(　　)。

A. 申领进口许可证和入境货物通关单　　B. 申领自动进口许可证和入境货物通关单

C. 只需申领入境货物通关单　　D. 禁止进口

10. WTO 规则允许成员方使用贸易救济手段来保护国内产业不受损害,其中(　　)既可以采取提高关税的形式也可以采取数量限制的形式。

A. 反倾销　　B. 反补贴　　C. 保障措施　　D. 关税配额

11. 进口许可证有效期为(　　),特殊情况需要跨年度使用的,有效期最长不得超过次年(　　)。

A. 1 年;3 月 31 日　　B. 6 个月;2 月底　　C. 3 个月;1 月 31 日　　D. 9 个月;3 月 31 日

12. 出口许可证有效期为(　　),有效期截止时间不得超过(　　)。

A. 1 年;当年 12 月 31 日　　B. 6 个月;次年 2 月底

C. 1 年;3 月 31 日　　D. 6 个月;当年 12 月 31 日

13. 进口许可证和出口许可证，如实行“非一批一证”，应在许可证的备注栏打印“非一批一证”字样，有效期内多次使用，但最多不超过(　　)次。

A. 6　　B. 8　　C. 10　　D. 12

14. 自动进口许可证有效期为(　　)，原则上实行“一批一证”管理。“非一批一证”管理的，在有效期内可以分批次累计报关使用，但累计使用不得超过(　　)。

A. 1 年；12 次　　B. 6 个月；6 次　　C. 6 个月；12 次　　D. 9 个月；6 次

15. 对实行进出口许可证管理的大宗散装货物，溢装数量不得超过许可证所列进出口数量的(　　)%。

A. 1　　B. 2　　C. 5　　D. 10

16. 对于自动进口许可证管理的货物，海关对散装货物溢短装数量在货物总量(　　)%以内，免予另行申领自动进口许可证。

A. 1　　B. 2　　C. 3　　D. 5

17. 下列列入自动进口许可管理货物目录的货物，可免交自动进口许可证的是(　　)。

A. 用于在北京开展的 4G 手机研讨会使用的从国外进口的仪器、设备

B. 用于加工贸易项下进口并复出口的原油

C. 外商投资企业作为投资进口的旧机电产品

D. 每批次价值超过 5000 元人民币的进口货样广告品

18. 某企业持一份证面数量为 200 吨的原油自动进口许可证(“非一批一证”)，以海运散装形式分两批出口原油，在第一批实际出口数量 100 吨的情况下，该企业可凭该份出口许可证总共最多可出口(　　)吨原油。

A. 210　　B. 205　　C. 203　　D. 206

19. 2013 年实行进口许可证管理的货物有消耗臭氧层物质和重点旧机电产品，其中重点旧机电产品的发证机构为(　　)。

A. 计划单列市以及商务部授权的其他省会城市的商务主管部门

B. 各省、自治区、直辖市的商务主管部门

C. 商务部驻各地特派员办事处

D. 商务部配额许可证事务局

20. 无论以何种方式进口列入《进出口野生动植物商品目录》中属于我国自主规定管理的野生动植物及其产品，均须事先申领(　　)。

A. 公约证明　　B. 非公约证明　　C. 物种证明　　D. 进口许可证

21. 向海关申报出口列入《法检目录》属出境管理的商品，报关单位应主动向海关提交有效的(　　)及有关单据。

A. 入境货物通关单　　B. 出境货物通关单　　C. 出口许可证　　D. 进口许可证

22. (　　)负责全国音像制品的进口的监督管理和内容审查等工作。

A. 商务部　　B. 新闻出版广电总局

C. 国家质量监督检验检疫总局　　D. 文化部

23. “农药进出口登记管理放行通知单”实行“一批一证”制，证面内容不得更改，如需更改应在有效期内将原证交回(　　)，并重新办理新证。

A. 商务部　　B. 林业局农药检定所

C. 农业部农药检定所　　D. 国家质量监督检验检疫总局

24. 任何单位以任何方式进出口列入《精神药品管制品种目录》的药品，均须取得(　　)核发的精神药品进出口准许证，准许证实行“一批一证”制度。

A. 国家食品药品监督管理局　　B. 商务部

C. 卫生部　　D. 国家环境保护部

25. 下列进口的废物中，可以申请转关运输的是（　　）。
A. 木制品废料　B. 废纸　C. 废电机、电器产品　D. 旧服装

26. 下列进出口许可证中实行"非一批一证"管理的是（　　）。
A. 濒危野生动植物国际贸易公约允许进出口证明书
B. 精神药品进口准许证
C. 两用物项和技术进口许可证
D. 非公约证明

27.（　　）不属于我国货物、技术进出口许可管理制度的证件。
A. 关税配额证　B. 入境货物通关单
C. 有毒化学品环境管理放行通知单　D. 进口农药登记证明

28. 发证机关根据企业申请于2012年9月30日向企业签发了自动进口许可证，该证截至（　　）有效。
A. 2012年3月31日　B. 2012年12月31日
C. 2012年6月30日　D. 2013年9月30日

29. 某进出口企业进口一批"已配剂量头孢菌素制剂"（同时列入《进口药品目录》和《进口兽药管理目录》），用于治疗畜禽疾病，该企业向海关申报时应提交（　　）。
A. 进口药品通关单　B. 进口兽药通关单
C. 进口药品通关单和进口兽药通关单　D. 进口药品通关单或进口兽药通关单

30.（　　）属于我国限制进口的商品。
A. 原油　B. 黄金　C. 虎骨　D. 化肥

31. 进出口用于出版的音像制品，在组织进口前应向（　　）申请"进口音像制品批准单"。
A. 海关总署　B. 新闻出版广电总局　C. 文化部　D. 商务部

二、多项选择题

1. 下列属于对外贸易管制目的的有（　　）。
A. 保护本国经济利益　B. 推行本国的外交政策
C. 行使国家职能　D. 发展本国经济

2. 下列属于贸易管制所涉及的法律渊源的有（　　）。
A. 宪法　B. 行政法规　C. 地方性法规、规章　D. 相关的国际条约

3. 下列属于国家禁止出口的有（　　）。
A. 犀牛角、虎骨、麝香　B. 硅砂、石英砂
C. 劳改产品、木炭　D. 商业性出口的红豆杉

4. 下列属于国家禁止进口的有（　　）。
A. 四氯化碳　B. 犀牛角、虎骨　C. 氯酸钾、硝酸铵　D. 旧衣服

5. 目前国际上对对外贸易管制按其管制手段分为（　　）。
A. 关税措施　B. 非关税措施　C. 进口贸易管制　D. 出口贸易管制

6. 目前我国限制进口货物管理按照其限制方式划分为（　　）。
A. 许可证件管理　B. 关税配额管理
C. 绝对配额管理　D. 货物自动进口许可管理

7. 目前，我国货物限制出口按照其限制方式划分为（　　）。
A. 出口配额限制　B. 出口非配额限制
C. 绝对配额管理　D. 货物自动出口许可管理

8. 我国出口配额限制有两种管理形式，包括（　　）。
A. 出口配额许可证管理　B. 出口配额招标管理
C. 禁止出口管理　D. 自动出口许可管理

9. 我国出入境检验检疫制度内容包括(　　)。

A. 进出口商品检验制度　　B. 进出境动植物检疫制度
C. 国境卫生检疫制度　　D. 法定检验商品

10. 我国商品检验制度的种类有(　　)。

A. 法定检验　　B. 合同检验　　C. 公证鉴定　　D. 委托检验

11. 我国对外贸易管制制度是由一系列管理制度构成的综合管理制度,其中包括(　　)。

A. 进出口许可制度　　B. 海关监管制度
C. 出入境检验检疫制度　　D. 出口退税制度

12. 目前,列入我国《禁止出口货物目录》的商品有(　　)。

A. 麝香　　B. 麻黄草　　C. 木炭　　D. 硅砂

13. 货物、技术进出口许可管理制度是我国进出口许可制度的主体,其管理范围包括(　　)。

A. 禁止进出口货物和技术　　B. 限制进出口货物和技术
C. 自由进出口的技术　　D. 自由进出口中部分实行自动许可管理的货物

14. 2012 年实行进口许可证管理的货物是(　　)。

A. 监控化学品　　B. 易制毒化学品　　C. 消耗臭氧层物质　　D. 重点旧机电产品

15. 下列关于固体废物进口的描述错误的有(　　)。

A. 从境外进口固体废物进入保税区免交废物进口许可证,从保税区进入境内区外,须交验废物进口许可证
B. 以加工贸易方式进口的固体废物可免交废物进口许可证
C. 废物进口许可证当年有效,因故在有效期内未使用完的,应在有效期届满 30 日前向发证机关提出延期申请,且只能延期一次,延期最长不超过 60 日
D. 一般情况下,固体废物进口许可证实行"一证一关"、"非一批一证"管理

16. 下列(　　)的出口许可证由配额许可证事务局签发。

A. 玉米　　B. 小麦　　C. 棉花　　D. 汽车

17. 对于(　　)大宗散装货物,溢短装数量在货物总量正负 3%以内,免予另行申领自动进口许可证。

A. 原油　　B. 成品油　　C. 化肥　　D. 钢材

18. 进口列入《自动进口许可管理货物目录》的商品,在下列(　　)情形下免交自动进口许可证。

A. 进入我国保税区的属于自动进口许可管理的货物
B. 加工贸易项下进口并复出口的(原油、成品油除外)
C. 暂时进口的海关监管货物
D. 每批价值不超过 5000 元人民币的货样广告品、实验品进口

19. 对实行进出口许可证管理的大宗散装货物,溢装数量不得超过许可证所列进出口数量的 5%,其中出口的时候,(　　)等商品溢装数量不得超过出口许可证所列数量的 3%。

A. 原油　　B. 成品油　　C. 化肥　　D. 钢材

20. 2011 年,我国进出口许可证的发证机构有(　　)。

A. 商务部配额许可证事务局
B. 商务部驻各地特派员办事处
C. 各省级商务厅(局)、外经贸委(厅、局)
D. 商务部授权的省会城市商务厅(局)、外经贸委(厅、局)

21. 下列关于进出口许可证管理的描述正确的有(　　)。

A. 重点旧机电产品的进口许可证由商务部配额许可证事务局负责签发
B. 玉米、小麦、棉花、煤炭、原油、成品油的出口许可证,由配额许可证事务局签发
C. 进口消耗臭氧层物质,经营者应在进出口前向主管部门申领进出口许可证,发证机构自收到符

合规定的申请之日起3个工作日内发进(出)口许可证,特殊情况下最多不超过10个工作日

D. 我国出口甘草指定天津海关、上海海关、大连海关为出口报关口岸,甘草制品指定天津海关、上海海关为出口报关口岸

22. 对于未列入(　　)内的固体废物禁止进口。

A.《限制进口类可用作原料的废物目录》

B.《废物进口环境保护管理暂行规定》

C.《自动进口许可管理类可用作原料的废物目录》

D.《中华人民共和国废物污染环境防治法》

23. 入境货物通关单主要适用于(　　)。

A. 进口可用做原料的废物　　B. 进口旧机电产品

C. 列入《法检目录》的商品　　D. 出口纺织品标识

24. 下列选项实行“非一批一证”管理的是(　　)。

A. 两用物项和技术进口许可证　　B. 两用物项和技术出口许可证

C. 物种证明　　D. 废物进口许可证

25. 下列对两用物项和技术进出口许可证管理表述正确的是(　　)。

A. 两用物项和技术进出口前,进出口经营者应当向发证机关申领两用物项和技术进出口许可证,凭以向海关办理进出口报关手续

B. 两用物项和技术出口许可证实行“非一批一证”制和“一证一关”制

C. 两用物项和技术进口许可证实行“一批一证”制和“一证一关”制

D. 两用物项和技术进出口许可证有效期一般不超过1年,跨年度使用时,在有效期内只能使用到次年3月31日,逾期发证机构将根据原许可证有效期换发许可证

26. 我国对部分旧机电产品的进口实行严格控制,分别实施(　　)管理。

A. 进口许可证　　B. 自动进口许可证　　C. 废物进口许可证　　D. 禁止进口

27. 国家禁止出口(　　)。

A. 犀牛角　　B. 天然砂　　C. 木炭　　D. 旧服装

28. 以“一般贸易”监管方式申报进口废纸,应向海关提交(　　)。

A. 入境货物通关单　B. 废物进口许可证　C. 自动进口许可证　D. 进口许可证

29. 下列关于关税配额管理的表述,正确的是(　　)。

A. 关税配额管理是一种绝对数量的限制　　B. 关税配额管理以关税为杠杆限制进口

C. 配额内进口的,按照关税配额税率征税　　D. 配额外进口的,按照配额外税率征税

30. 下列关于限制出口管理的表述,错误的是(　　)。

A. 国家规定有数量限制的出口货物,实行许可证件管理;其他限制管理,实行配额管理

B. 我国货物限制出口按照其限制方式划分为出口配额限制和出口非配额限制

C. 出口配额管理是一种相对数量的限制

D. 申领者取得配额证明后,凭配额证明到商务主管部门申领出口许可证

三、判断题

1. 我国对于旧衣服采取的管理是限制进口。(　　)

2. 我国货物限制出口,按照其限制方式划分为出口配额限制和出口非配额限制。(　　)

3. 关税配额管理是一定时期内,国家对部分商品的进口制定关税配额税率并规定该商品进口数量总额,在限额内进口的,按照关税配额税率征税进口,超出限额则按照配额外税率征税,是一种绝对数量的限制。(　　)

4. 出口配额招标管理是通过直接分配方式进行分配。(　　)

5. 限制进出口技术实行目录管理，对于目录范围内的限制进出口技术实行许可证管理，未经国家许可，不得进出口。（ ）

6. 国家规定有数量限制的出口货物，实行许可证件管理。（ ）

7. 我国对出口收汇管理采取的是外汇核销形式，对进口付汇管理不采取外汇核销。（ ）

8. 临时反倾销措施可以采取征收临时反倾销税和要求提供现金保证金、保函或其他形式的担保。（ ）

9. 关税配额管理是一种相对数量的限制。（ ）

10. 我国对于实行出口配额限制的出口货物，需凭配额证明到国务院商务主管部门或其授权发证机关申领出口许可证。（ ）

11. 自动进口许可管理是在任何情况下对进口申请一律予以批准的进口许可制度。（ ）

12. 目前，我国限制进口货物管理按照其限制方式划分为许可证件管理和关税配额管理，其中关税配额管理是指在一定时期内，国家对部分商品的进口指定关税配额税率并规定该商品进口数量总额，在限额内经国家批准后允许按照关税配额税率征税进口，如超出限额则以国家主管部门签发许可证件方式来实现限制进口。（ ）

13. 目前，我国限制进口货物管理按照其限制方式划分为许可证件管理和关税配额管理，其中关税配额管理是指在一定时期内，国家对部分商品的进口指定关税配额税率并规定该商品进口数量总额，在限额内经国家批准后允许按照关税配额税率征税进口，如超出限额则不允许再进口。（ ）

14. 我国目前所签订生效的各类国际条约，虽然不属于我国国内法的范畴，但就其效力而言可视为我国对外贸易管制的法律渊源之一。（ ）

15. 国家禁止进出口滴滴涕。（ ）

16. 自动进口许可证的有效期为 1 年，特殊情况需要跨年度使用的，有效期最长不得超过次年 3 月 31 日。（ ）

17. 进出口许可证的签发统一由海关总署负责，实行分级管理。（ ）

18. 进口重点旧机电产品前，经营者应事先向主管部门申领进出口许可证，申领时应由旧机电产品进口的最终用户提出申请，并且申请企业应具备从事重点旧机电产品用于翻新(含再制造)的资质。（ ）

19. 出口许可证的有效期不超过 6 个月，需要跨年度使用的，其有效期的截止日期不得超过次年 2 月底。（ ）

20. 对于《两用物项和技术进出口许可证管理目录》内的都实行两用物项和技术进出口许可证管理，对于目录外的物项和技术则不须申领许两用物项和技术进出口许可证。（ ）

21. 进口属于进口许可证管理的货物，收货人在货物进境后，办理海关报关手续前，应向相应的发证机构提交进口许可证申请，并取得进口许可证。（ ）

22. 废物进口许可证一般情况下实行“一批一证”管理。（ ）

23. 进口废物不能转关(废纸除外)，只能在口岸海关办理申报进境手续。（ ）

24. “物种证明”分为“当年使用”和“一次使用”，一次使用的“物种证明”有效期自签发之日起不得超过 6 个月。（ ）

25. 进出口药品管理属于国家限制进出口管理范畴，实行分类和目录管理。（ ）

26. 任何单位以任何方式进出口列入《麻醉药品管制品种目录》的药品，不论何种用途，均须取得国家食品药品监督管理局核发的麻醉药品进出口准许证，麻醉药品进出口准许证实行“非一批一证”制度。（ ）

27. 进出口《黄金及其制品进出口管理目录》的货物，海关凭中国银行或其授权的中国银行分支机构签发的“黄金及其制品进出口准许证”办理验放手续。（ ）

28. 进出口列入《农药名录》的农药，应事先向农业部农药检定所申领“农药进出口登记管理放行通知单”。（ ）

29. 进口可用作原料废物，海关凭环境保护部签发的“废物进口许可证”即可办理通关放行手续。（ ）

30. 国家环境保护部在审批有毒化学品进出口申请时，对符合规定准予进出口的，签发“化学品进口环

境管理登记证”。（ ）

31. 列入《自动进口许可管理类可用作原料的废物目录》的废物，不论以何种方式进口，均应申领废物进口许可证。（ ）

32. 在海关依法登记注册的单位即可以从事音像制品的进口业务，办理进出口业务时须向海关提交“进口音像制品批准单”。（ ）

33. “物种证明”分为一次使用和多次使用，多次使用的只适用同一物种、同一货物类型、同一报关口岸多次进出口的野生动植物，有效期截至发证当年 12 月 31 日。（ ）

34. 自动进口许可证的有效期为 6 个月，需延长的，可延长至次年的 3 月 31 日。（ ）

35. 海关特殊监管区域和保税监管场所之间进出的黄金及其产品，应办理黄金及其制品进出口准许证，并由海关实施监管。（ ）

36. 进出口用于出版的音像制品，在组织进口前应向文化部申请“进口音像制品批准单”。（ ）

37. 临时保障措施可以采取提高关税、数量限制等形式。（ ）

38. 同一进口合同项下，收货人可以申请多份自动进口许可证。（ ）

四、实务操作题

（一）天津远洋进出口公司向美国某商行出口一批厚板材（商品编码：4407999099），合同号为 08-H-26-099，规格 20up×30up×300mmup，厚度大于 6mm，总数量 15m^3，单价是 USD 300.00/m^3 FOB 天津新港，10 月份装运，采用不可撤销即期信用证付款。

任务 1：根据上述条件填写出口许可证。

任务 2：了解清楚申领出口许可证需提供哪些材料，具体流程是什么。

任务 3：了解清楚发证机关在确认材料无误的前提下需多长时间才可发证。

（二）2014 年 12 月，苏州工业园区报关服务有限公司报关部收到苏州市蓝科贸易有限公司出口（以下简称“蓝科公司”）一批 36 公吨硅钛铁（商品编码：7202910000）的报关委托，预计出口时间为 2015 年 2 月初。冯经理记得 2012 年国家对部分铁合金产品出口实行了出口许可证管理，硅钛铁是否在管理范围内呢？他要求陈俊查证一下，如果确实属于管理范围内的货物，请蓝科公司提供相关的许可证件，并预审该证件表面内容是否与其他报关单证的内容和数据相符。

陈俊的工作任务包括以下三项。

任务 1：查明硅钛铁是否属于实行出口许可证管理的范围。

任务 2：如果属于，进一步查找硅钛铁对应的监管条件，了解清楚除了出口许可证外还需要哪些监管证件。

任务 3：初步预核该证件表面内容是否与其他报关单证的内容和数据相符。

第三章

海关监管货物的报关程序

一、单项选择题

1. 进口货物的收货人自运输工具申报进境之日起，超过(　　)个月未向海关申报的，其进口货物由海关提取依法变卖处理。

A. 1　　B. 3　　C. 6　　D. 12

2. 出口货物的发货人或其代理人除海关特准的外，根据规定应当在货物运抵监管区后，(　　)向海关申报。

A. 装货前 24 小时　　B. 装货的 24 小时以前

C. 货物运抵口岸 24 小时内　　D. 承载的运输工具起运(或起航)的 24 小时前

3. 下列有关进出口货物报关时限的说法正确的是(　　)。

A. 进口货物自货物进境之日起 14 日内

B. 进口货物自运输工具申报进境之日起 14 日内

C. 出口货物运抵口岸 24 小时内

D. 出口货物运抵口岸 48 小时内

4. 一般情况下，进口货物应当在(　　)海关申报。

A. 进境地　　B. 起运地　　C. 目的地　　D. 附近

5. 申报日期是指(　　)。

A. 向海关提交电子数据报关单的日期　　B. 向海关提交纸质报关单的日期

C. 申报数据被海关接受的日期　　D. 海关放行日期

6. 滞报金计征起始日为运输工具申报进境之日起第(　　)日，截止日为海关接受申报之日。

A. 7　　B. 10　　C. 14　　D. 15

7. 滞报金按日征收，为进口货物完税价格的千分之(　　)。

A. 1　　B. 0.5　　C. 3　　D. 5

8. 滞报金的起征点为人民币(　　)元。

A. 10　　B. 50　　C. 100　　D. 500

9. 下列关于申报地点的表述错误的是(　　)。

A. 进口货物应当在进境地海关申报

B. 出口货物应当在出境地海关申报

C. 经海关同意，进口货物可以在指运地海关申报，出口货物可以在起运地海关申报

D. 特定减免税货物改变性质转为一般进出口时，应当在货物原进境地海关申报

10. 以电子数据报关单方式申报的，申报日期为(　　)。电子数据报关单经过海关计算机检查被退回的，进出口货物收发货人或其代理人应当按照要求修改后重新申报，其申报日期为(　　)。

A. 报关单位输入电子数据向海关申报的日期；海关接受重新申报的日期

B. 海关计算机系统接受申报数据时记录的日期；报关单位重新申报的日期

C. 报关单位输入电子数据向海关申报的日期；报关单位重新申报的日期

D. 海关计算机系统接受申报数据时记录的日期；海关接受重新申报的日期

11. 下列关于一般进出口货物叙述正确的是(　　)。

A. 一般进出口货物即一般贸易货物

B. 一般进出口货物放行即等于结关

C. 所有的实际进出口货物都属于一般进出口货物

D. 外国政府无偿援助的物资属于一般进口货物

12. 运载进出口货物的运输工具 5 月 9 日申报进境，收货人 5 月 15 日向海关传送报关单电子数据，海关当天受理申报并发出现场交单通知，收货人于 5 月 27 日提交纸质报关单时发现海关已于 5 月 26 日撤销电子数据报关单，遂于 5 月 30 日重新向海关申报，海关当天受理申报并发出现场交单通知，收货人 5 月 31 日提交纸质单证。如以上日期均不涉及法定节假日，滞报天数应为(　　)天。

A. 0　　B. 6　　C. 7　　D. 8

13. 进出口货物收发货人申报并经海关依法审核，必须撤销原电子数据报关单重新申报的，如产生滞报，经进口货物收发货人申请并经海关审核同意，以(　　)为滞报金起征日。

A. 运输工具申报进境之日

B. 运输工具申报进境之日起第 15 日

C. 撤销原报关单之日

D. 撤销原报关单之日起第 15 日

14. 货物进出境阶段，进出口货物收发货人或其代理人应当按照以下(　　)步骤完成报关工作。

A. 进出口的申报→配合查验→缴纳税费→提取或装运货物

B. 提取或装运货物→进出口的申报→配合查验→缴纳税费

C. 进出口的申报→配合查验→提取或装运货物→缴纳税费

D. 提取或装运货物→配合查验→进出口的申报→缴纳税费

15. 以下进出口货物中不属于一般进出口货物的是(　　)。

A. 不批准保税的寄售代销贸易货物　　B. 救灾捐赠物资

C. 外国驻华商业机构进出口陈列用的样品　　D. 随展览品进境的小卖品

16. 进口货物的申报期限为装载货物的运输工具申报进境之日起(　　)内，进口货物装载货物的运输工具申报进境之日起超过(　　)仍未向海关申报的，货物由海关提取并依法变卖。

A. 15 日；3 个月　　B. 14 日；3 个月　　C. 15 日；1 个月　　D. 14 日；4 个月

17. 运载进口货物的运输工具 5 月 15 日申报进境，收货人 5 月 18 日向海关传送报关单电子数据，收货人于 5 月 20 日发现申报有误，申请撤销电子数据报关单，海关审核于当日撤销电子数据报关单，收货人 5 月 30 日重新向海关申报，海关当天受理申报并发出现场交单通知，收货人 5 月 31 日提交纸质单证。如以上日期均不涉及法定节假日，滞报天数应为(　　)天。

A. 0　　B. 6　　C. 7　　D. 8

18. 某加工贸易企业从事 A 商品的加工生产，净耗为 2，单耗为 2.5，则 A 商品的工艺耗损率为(　　)。

A. 10%　　B. 20%　　C. 2.5%　　D. 40%

19. 装载进口货物的运输工具于 7 月 1 日(周四)申报进境，进口货物收货人于 7 月 20 日向海关申报，海关当天即受理了申报并发出了现场交单通知，则滞报的天数为(　　)天。

A. 0　　B. 3　　C. 4　　D. 5

20. 装载进口货物的运输工具于 7 月 1 日(周五)申报进境，进口货物收货人于 7 月 20 日向海关申报，海关当天即受理了申报并发出了现场交单通知，则滞报的天数为(　　)天。

A. 0　　B. 3　　C. 4　　D. 5

21. (　　)报关无须经过后续阶段程序。

A. 进境展览品　B. 暂准进境货样　C. 加工贸易进口料件　D. 补偿贸易进口设备

22. 出口货物的申报期限为货物运抵海关监管区(　　)装货的 24 小时(　　)。

A. 后;后　B. 后;前　C. 前;前　D. 前;后

23. 装载货物的运输工具于 2012 年 6 月 7 日(周四)申报进境,进口货物收货人应当最迟于(　　)向海关办理申报手续才不会发生滞报。

A. 6 月 20 日　B. 6 月 21 日　C. 6 月 22 日　D. 6 月 23 日

24. 装载货物的运输工具于 2012 年 9 月 14 日(周五)申报进境,进口货物收货人于 2012 年 10 月 9 日向海关申报,海关当天接受申报。(注:9 月 30 日至 10 月 7 日放假,其中 9 月 30 日为中秋节法定节假日,10 月 1、2、3 日为国庆法定节假日),该批货物共滞报了(　　)天。

A. 3　B. 4　C. 9　D. 11

25. 装载货物的运输工具于 2012 年 9 月 17 日(周一)申报进境,进口货物收货人于 2012 年 10 月 9 日向海关申报,海关当天接受申报(注:9 月 30 日至 10 月 7 日放假,其中 9 月 30 日为中秋节法定节假日,10 月 1、2、3 日为国庆法定节假日),该批货物共滞报了(　　)天。

A. 0　B. 1　C. 2　D. 3

26. 装载货物的运输工具于 2012 年 4 月 16 日(周一)申报进境,该批货物于 2012 年 5 月 6 日向海关申报,海关当天接受申报(注:国家调整休息日,4 月 28 日星期六上班,4 月 29 日至 5 月 1 日放假调休,其中 5 月 1 日为法定节假日),该批货物共滞报了(　　)天。

A. 1　B. 2　C. 3　D. 5

27. 装载货物的运输工具于 2013 年 6 月 7 日(周五)申报进境,进口货物收货人于 2012 年 6 月 24 日向海关申报,共滞报了(　　)天。

A. 0　B. 1　C. 2　D. 3

28. 装载货物的运输工具于 2012 年 4 月 17 日(周二)申报进境,该批货物于 2012 年 5 月 3 日向海关申报,海关当天接受申报(注:国家调整休息日,4 月 28 日星期六上班,4 月 29 日至 5 月 1 日放假调休,其中 5 月 1 日为法定节假日),该批货物的完税价格为 80 500 元人民币,该批货物应缴纳的滞报金为(　　)元。

A. 80　B. 80.5　C. 81　D. 805

29. 某公司按暂定价格申报进口完税价格为 270 000 元人民币的货物,滞报 3 天,支付滞报金后,完税价格调整为 300 000 元人民币,申请修改申报被海关接受,该公司应补交滞报金(　　)元。

A. 0　B. 45　C. 405　D. 450

30. 经海关批准,未办理纳税手续进境,在境内加工、装配后复运出境的货物是(　　)。

A. 过境货物　B. 暂准进出口货物　C. 一般进出口货物　D. 保税加工货物

31. 电子化手册管理的保税加工货物,准予保税加工期限原则上不超过(　　),经批准可以申请延长,延长的最长期限原则上是(　　)。

A. 1 年;1 年　B. 6 个月;6 个月　C. 3 个月;6 个月　D. 1 年;6 个月

32. 电子化手册管理的保税加工货物,报核期限是在手册有效期到期之日起或最后一批成品出运后(　　)天内向海关报核。

A. 15　B. 25　C. 30　D. 60

33. 电子账册管理的保税加工报核期限,一般以(　　)为 1 个报核周期。

A. 1 年　B. 180 天　C. 60 天　D. 30 天

34. 保税加工货物内销,海关按规定免征缓税利息的是(　　)。

A. 副产品　B. 残次品　C. 边角料　D. 不可抗力受灾保税货物

35. 对内销征税的(　　),不加征缓税利息。

A. 加工贸易成品　B. 加工贸易边角料

C. 加工贸易残次品　D. 因不可抗力受灾保税料件

36. 采用电子化手册管理的保税加工货物，开展加工贸易的货物不需要领取许可证，不需要开设台账，办理合同备案阶段的正确步骤是（　　）。

A. 合同内容预录入→海关审核→审批合同→建立电子化手册

B. 审批合同→合同内容预录入→海关审核→建立电子化手册

C. 审批合同→海关审核→合同内容预录入→建立电子化手册

D. 建立电子化手册→合同内容预录入→海关审核→审批合同

二、多项选择题

1. 下列属于一般进出口货物的特征的有（　　）。

A. 在进出境时按有关的法律法规的规定向海关缴纳应当缴纳的税费

B. 进出口时如需提交许可证的，提交相关的许可证

C. 海关放行即办结了海关手续

D. 暂不纳税

2. 一般进出口货物在向海关申报时，应提交的单据有（　　）。

A. 贸易合同　B. 商业发票　C. 装箱单　D. 加工贸易手册

3. 下列属于一般进出口货物的有（　　）。

A. 易货贸易、补偿贸易进出口货物　B. 在展览会中展示或示范用的进口货物、物品

C. 转为实际进出口的暂准进出境货物　D. 承包工程项目实际进出口货物

4. 下列属于一般进出口货物的有（　　）。

A. 转为实际进口的保税进口货物　B. 转为实际进口或出口的暂准进出境货物

C. 享受特定减免税优惠的进口货物　D. 随展览品进境的小卖品

5. 下列免费提供的货物中，属于一般进出口货物的有（　　）。

A. 外国政府、国际组织无偿赠送的物资

B. 外商在经济贸易活动中赠送的进口货物

C. 外商在经济贸易活动中免费提供的试车材料等

D. 我国在境外的企业、机构向国内单位赠送的进口货物

6. 下列属于基本单证的有（　　）。

A. 合同　B. 提货单　C. 商业发票　D. 原产地证明书

7. （　　）是报关单随附单证中的基本单证。

A. 提货、装货单据　B. 进出口许可证件

C. 商业发票、装箱单　D. 加工贸易电子化手册

8. 进出口货物电子申报的方式有（　　）。

A. 终端申报方式　B. 委托 EDI 方式　C. 自行 EDI 方式　D. 网上申报方式

9. 关于海关接受申报的时间，下列表述正确的有（　　）。

A. 以电子数据报关单方式申报的，申报日期为海关计算机系统接受申报数据时记录的日期

B. 经海关批准单独以纸质报关单形式向海关申报的，以海关在纸质报关单上进行登记处理的时间为接受申报的时间

C. 在先以电子数据报关单向海关申报，经过海关计算机系统检查被退回的情况下，要重新申报，申报的日期为海关接受重新申报的日期

D. 在采用电子和纸质报关单申报的情况下，海关接受申报的时间以海关接受电子数据报关单申报的日期为准

10. 一般情况下，海关接受申报后，申报内容不得修改或撤销，确有下列（　　）正当理由的，经海关批准审核，可以修改或撤销。

A. 由于计算机、网络系统等方面的原因导致数据申报错误

B. 出口货物放行后，由于装运、配载等原因造成原申报货物全部或部分退关

C. 由于报关人员操作或书写失误造成所申报的报关单内容有误，并且未发现有走私违规或者其他违法嫌疑的

D. 进出口货物在装载、运输、存储过程中因溢短装、不可抗力的灭失、短损等原因造成原申报数据与实际货物不符的

11. 下列属于进出口货物收发货人或其代理人申请修改或撤销进出口货物报关单，应提交的单证的有(　　)。

A. 进出口货物报关单修改/撤销确认书

B. 可以证明货物实际情况的合同、发票、装箱单

C. 外汇管理、国税、检验检疫、银行等有关部门出具的单证

D. 海关出具的相关单证

12. 货物报关的进口阶段是指进口货物收货人或其代理人根据海关对进境货物的监管要求，在货物进境时，向海关办理相关手续的过程，包括(　　)环节。

A. 进口申报　　B. 配合查验　　C. 缴纳税费　　D. 提取货物

13. (　　)属于一般进出口货物。

A. 暂准进境的货样　　B. 转为实际进口的保税料件

C. 转为实际出口的暂准出境货物　　D. 加工贸易外商免费提供的进境试车材料

14. 一般进口货物进境报关手续包括(　　)等环节。

A. 进口申报　　B. 配合检查　　C. 缴纳税费　　D. 申请解除监管

15. 下列关于海关对各种监管模式下的保税加工货物的管理，说法正确的有(　　)。

A. 设立审批　　B. 纳税暂缓　　C. 监管延伸　　D. 运离结关

16. 下列贸易形式中，属于加工贸易的有(　　)。

A. 来料加工　　B. 来料养殖　　C. 进料加工　　D. 出料加工

17. 海关批准保税的原则包括(　　)。

A. 合法经营　　B. 核销结关　　C. 可以监管　　D. 复运出境

18. 日前已经公布的《加工贸易禁止类商品目录》包括(　　)。

A. 国家明令禁止进出口的商品　　B. 为种植、养殖而进口的商品

C. 高附加值、高技术含量的商品　　D. 引起高能耗、高污染的商品

19. 关于加工贸易进出口货物的税收征管措施，下列符合现行规定的有(　　)。

A. 准予保税的加工贸易料件的进口，暂缓纳税

B. 全部使用进口料件生产而得的成品出口时，不征收关税

C. 生产成品出口时，部分使用进口料件生产，则按海关核定的比例征收出口关税

D. 加工贸易出口未锻铝按一般贸易出口货物从量计征出口关税

三、 判断题

1. 报关程序是指进出口货物的收发货人、运输工具负责人、物品所有人或其代理人按照海关的规定，办理货物、物品、运输工具进出境及相关海关事务的手续及步骤。(　　)

2. 所有的货物进出口报关都要经过前期的备案阶段。(　　)

3. 特定减免税货物在进口之前，进口货物收发货人或其代理人应当办理加工贸易备案和登记手册的手续。(　　)

4. 一般进出口货物就是一般贸易货物。(　　)

5. 货物进出境起到最终办结海关手续止的期限，是海关对监管货物的监管期限。(　　)

6. 海关的现场放行即等于结关。（　）

7. 海关对保税货物的监管期限，自货物进入关境起到海关放行止。（　）

8. 电子数据报关单和纸质报关单具有同等的法律效力。（　）

9. 一般进出口货物报关程序由进出口申报、配合查验、缴纳税费、提取或装运货物 4 个环节构成。（　）

10. 报关单位收到海关发送的“接受申报”的报文和“现场交单”或“放行交单”通知，表示电子申报成功。（　）

11. 来料加工保税进口料件不得串换。（　）

12. 对于一般进出口货物来说，海关放行意味着全部海关手续已经全部办结。（　）

13. 在一般情况下，进出口货物收发货人或其代理人应当先以纸制的报关单向海关申报，然后再以电子数据报关单形式向海关申报。（　）

14. 海关发现进出口货物报关单需要进行修改或者撤销的，收发货人或其代理人应当提交进出口货物报关单修改/撤销申请表。（　）

15. 对于经电缆、管道等方式输送进出口的货物，由于是特殊货物，因此无须向海关申报。（　）

16. 滞报金计征起始日为运输工具申报进境之日起第 15 日，截止日为海关接受申报之日(即申报日期)，起始日计入滞报期间，但截止日不计入滞报期间。（　）

17. 进出口货物收发货人或其代理人应当自接到海关“现场交单”或者“放行交单”通知之日起 7 日内，持打印的纸质报关单，备齐规定的随附单证并签名盖章，到货物所在地海关提交单证并办理相关海关手续。（　）

18. 收发货人或其代理人要求修改或者撤销报关单的，应当提交“进出口货物报关单修改/撤销确认书”。（　）

19. 在采用电子和纸质报关单申报的一般情况下，海关接受申报的时间以海关接受纸质报关单申报的日期为准。（　）

20. 海关已经决定布控、查验的进出口货物，以及涉及有关案件的进出口货物的报关单，在“办结”前不得修改或撤销。（　）

21. 滞报金的日征收金额为进口货物完税价格的 0.5‰，滞报金计算至人民币“分”。（　）

22. 我国 A 公司以租赁方式从美国进口一台设备，该公司向海关申报时，须向海关提交的单据包括合同、发票、装箱单。（　）

23. 因修改或者撤销进出口货物报关单导致需要变更、补办进出口许可证件的，进出口货物收发货人或者其代理人应当向海关提交相应的进出口许可证件。（　）

24. 先纸质报关单申报，后补报电子数据，或只提供纸质报关单申报的，海关工作人员在报关单上做登记处理的日期为海关接受申报的日期。（　）

25. 特定减免税货物以外的实际进出口货物属于一般进出口货物的范围。（　）

26. 来料加工和进料加工是加工贸易的两种形式。（　）

27. 国家规定开展加工贸易业务应当由经营企业到经营企业所在地直属海关办理加工贸易合同备案手续。（　）

28. 纳税暂缓是海关对保税加工货物监管的特征之一。（　）

29. 保税加工的料件离开进境地口岸海关监管场所后进行加工、装配的地方，都是海关监管的场所。（　）

30. 加工贸易企业开设在非特殊监管区域，针对大型企业以合同为单元进行管理，建立电子账册。（　）

四、 实务操作题

(一) 中国成套设备进出口总公司(北京)(CHINA NATIONAL COMPLETE PLANT IMPORT & EXPORT CORP.)与法国 LECLEC 公司于 2013 年 7 月 8 日在广州签订了出售户外家具(outdoor furniture)的外贸合同，

合同基本信息如下。

货名：花园椅(Garden Chair，铸铁底座的木椅，按规定出口时需要有动植物检验检疫证明)。

型号：TG0503。

价格：USD 58.00/PC FOB Guangzhou。

数量：950 把。

毛重：20KGS/PC。

净重：18KGS/PC。

包装：1PC/CTN，集装箱：1×20′。

生产厂家：广东南海飞达家具厂。

最迟装船日期：2013 年 9 月 8 日。

起运港：广州港。

目的港：马赛。

支付方式：不可撤销信用证。

请完成以下任务。

任务 1：根据以上资料为出口公司整理一份销售合同/成交确认书。

任务 2：如果中国成套设备进出口总公司委托广州穗港报关行报关，是否要办理异地报关备案手续？需要的话，应如何办理？

任务 3：如果订舱的装船时间是 2013 年 9 月 8 日 10:00am，那么，报关员应最迟何时在何地报关完毕？

任务 4：如果报关员在 8 月 20 日以电子数据报关单向海关申报，8 月 22 日收到海关"放行交单"的通知，那么，报关员应不迟于哪一天持打印的纸质报关单，备齐哪些单证到货物所在地海关提交书面单证并办理相关海关手续？

任务 5：应该缴纳哪些海关规定的税费？

任务 6：为该批出口货物设计出货流程。

(二) 武汉泰华公司(420123××××)在投资总额内委托武汉机械进出口公司(420191××××)于 2012 年 6 月与香港某公司签约进口一套自用设备，该设备属于鼓励类进口项目。设备于 2013 年 6 月 1 日从上海吴淞海关进境，该合资企业委托上海华宇货代公司于 2013 年 6 月 2 日向上海海关办理转关申请手续，后由"长江号"轮船于 2013 年 6 月 5 日(周三)运抵武汉，并于 2013 年 6 月 20 日向武汉江岸办理进口报关手续，货物经海关查验后放行。

任务 1：以上属于哪种转关方式？

任务 2：向海关递交的进口货物报关单的"运输工具名称"一栏应如何填报？

提示：水路运输下，直转、提前报关填报"@"+16 位转关申报单预录入号；中转填报进境英文船名。

任务 3：该企业应缴纳多少天的滞报金？

任务 4：向上海海关办理转关手续时应提交哪些单证？

(三) 美国森瑞公司因要参加由上海市对外经济贸易委员会在上海展览馆举办的电子产品展览(展览日期：2013 年 9 月 1 日至 2013 年 9 月 5 日)，有如下产品需货运进境供展览使用(见表 1-1)。

表 1-1 森瑞公司进境展品明细

品名规格	数　量	单价/美元	总价/美元
整流器/KH-6116	120 台	3	360
变压器/6～30V	150 台	5	750
开关/用于电压＜1000W 线路的	10 000 个	0.1	1000

美国森瑞公司委托上海昌荣报关公司办理有关展览的一切手续。在上海展出后，该批货还要运往青岛展览。在青岛展出期间，美国森瑞公司要将整流器和变压器无偿赠送给青岛海林电器公司，其余货品在展

览结束后退回美国。

如果你是上海昌荣公司的报关员，应当办理哪些手续？

（四）保税区某企业进料加工，生产激光光盘出口，其中部分料件为进区国产料件。因外商要求变更合同，减少光盘出口数量，部分产品未能如约出口，而是出区进入国内市场或出区移作他用，在加工过程中产生的残次品、边角料也运往区外。

请完成以下工作任务。

任务1：办理国产料件进区。

任务2：办理部分产品出境。

任务3：办理部分产品、残次品、边角料出区内销。

（五）上海公安局邀请境外一无线电设备生产厂商到上海展览馆展出其价值100万美元的无线电设备，并委托上海某展览报关公司A办理一切手续。上海展出后又决定把其中价值40万美元的设备运到杭州展出。设备从杭州返回后，上海公安局决定购买其中的20万美元设备。境外厂商为了感谢上海公安局，赠送了5万美元的设备给上海公安部门。其余设备退出境外。

作为A公司的报关员，需完成以下工作任务。

任务1：办理上海展出手续。

任务2：办理杭州展出手续。

任务3：办理展品闭馆出境前的仓储手续。

任务4：办理留购与赠送手续。

任务5：办理销案手续。

第四章

进出口商品归类

一、 单项选择题

1. 以提前申报方式进出口的货物，商品归类应当按照(　　)作为报验状态。
   A. 货物运抵海关监管场所时的实际状态
   B. 向海关申报时进出口货物的实际状态
   C.《规范申报目录》规定的状态
   D. 合同规定的状态
2. 预归类申请人应向货物(　　)提出预归类申请。
   A. 拟进出口所在地的海关
   B. 拟实际进出口所在地的海关
   C. 分管拟进出口所在地海关的归类分中心
   D. 拟实际进出口所在地的直属海关
3. 银合金制的项链应作为(　　)归类。
   A. 首饰　　B. 金银器　　C. 仿首饰　　D. 杂项制品
4. 复印机应归入第(　　)章。
   A. 84　　B. 85　　C. 90　　D. 96
5. “机动车辆用电器照明装置”应归入品目(　　)。
   A. 85.12　　B. 85.39　　C. 87.08　　D. 94.05
6. 以(　　)为分类标志可以将纺织品分为丝织品、毛织品、棉织品、麻织品、化纤织品等。
   A. 加工方法　　B. 特殊成分　　C. 原料来源　　D. 用途
7. 以(　　)为分类标志可以将纸分为印刷纸、生活卫生用纸、包装纸等。
   A. 加工方法　　B. 制造方法　　C. 主要成分　　D. 用途
8.《商品名称及编码协调制度国际公约》由(　　)组成。
   A. 前言及 10 项条款(正文)　　B. 前言及 15 项条款(正文)
   C. 前言及 20 项条款(正文)　　D. 前言及 25 项条款(正文)
9. 以(　　)为分类标志可以将茶叶分为红茶、绿茶、黄茶等。
   A. 加工方法　　B. 颜色　　C. 原料来源　　D. 茶种
10. 协调制度主要以商品的自然属性或商品所具有的原理、功能及用途为(　　)的划分依据。
    A. 类　　B. 章　　C. 品目　　D. 子目
11. 以下选项中采用一般列名方式描述商品的是(　　)。
    A. 品目 07.07 鲜或冷藏的黄瓜　　B. 品目 07.08 鲜或冷藏的豆类蔬菜
    C. 品目 07.09 鲜或冷藏的其他蔬菜　　D. 无

12. 若将 H.S. 各类章按所属货品的特点以及编排规律分成三组，第(　　)组货品几乎与所用材料或物质无关。

    A. 一　　B. 二　　C. 三　　D. 一、二及三

13. 以(　　)为分类标志可以将商品总体分为化工产品、纺织产品、机电产品等。

A. 加工方法　B. 制造方法　C. 主要成分　D. 行业门类

14. (　　)是以 CCCN 为基础进行编制的一部多用途的国际贸易商品目录。

A.《布鲁塞尔税则》　B. H.S.　C.《协调制度公约》　D. 现行中国海关税则

15. 海关在受理商品归类行政裁定申请之日起(　　)日内做出商品归类行政裁定并通知申请人和对外公布。

A. 15　B. 60　C. 30　D. 90

16.《协调制度》实际于(　　)起正式生效。

A. 1987 年 1 月 1 日　B. 1988 年 1 月 1 日　C. 1992 年 1 月 1 日　D. 1983 年 6 月 14 日

17. 收到商品归类的行政裁定申请的直属海关依法对申请资料进行初审。对符合规定的申请,自接受申请之日起(　　)个工作日内移送海关总署或总署授权机构。

A. 3　B. 5　C. 7　D. 15

18. 申请商品归类行政裁定除特殊情况外,应当在货物拟作进口或出口的(　　)个月前向海关总署或直属海关提交书面申请。

A. 1　B. 2　C. 3　D. 6

19. 电冰箱压缩机(电动机额定功率为 0.4 千瓦)的专用零件(压缩机的进、排气阀片)应归入(　　)。

A. 84.18　B. 84.14　C. 85.09　D. 其他品目

20. "玻璃制的未镶框的安全玻璃,已制成一定形状,专用于火车上"应归入(　　)。

A. 第 39 章　B. 86.07　C. 70.07　D. 其他品目

21. 一个纸盒内装有一个夹鸡肉饼(鸡肉占三明治总重的 25%)的三明治和一杯法式炸土豆条,该商品应归入(　　)。

A. 分别归类　B. 20.05　C. 16.02　D. 07.01

22. 规则五是阐述(　　)的条款。

A. 有条件地扩大了品目条文所列出的货品范围

B. 货品看起来可归入两个或两个以上品目的归类方法

C. 最相类似方法

D. 容器或包装材料品目归类

23. 市政交通一卡通(智能卡)应归入品目(　　)。

A. 85.43　B. 85.23　C. 85.42　D. 85.41

24. 下列货品中(　　)应归入品目 85.17。

A. U 盘　B. 路由器的专用零件　C. 传真机　D. 打印机

25. 皮革制小提琴盒和适于装在该盒内的小提琴(分别报验)应归入(　　)。

A. 42.02　B. 92.02

C. 42.02 与 92.02(分别)　D. 其他品目

26. 对于货品"用于小汽车的羊毛簇绒地毯",正确的归类选项是(　　)。

A. 第 51 章　B. 第 63 章　C. 57.03　D. 87.08

27. 按照商品归类总规则,下列叙述中正确的是(　　)。

A. 在进行商品归类时,商品的包装容器应单独进行税则归类

B. 在进行商品归类时,混合物可以按照其中一种成分进行税则归类

C. 在进行商品归类时,列明比较具体的税目优先于一般的税目

D. 从后归类的原则是商品税则归类的普遍使用原则

28. 下列叙述中错误的是(　　)。

A.《海关进出口税则》的类、章及分章的标题,仅为查找方便设立

B. 归类总规则一规定，具有法律效力的商品归类，应按品目条文和有关类注或章注确定

C. 子目的比较只能在同一数级上进行

D. 当税目条文、类注和章注没有专门规定，而商品归类不能确定时，按与该商品最相类似的商品归类

29. 进口一辆缺少轮子的汽车，在进行该商品的海关税则归类时，应按(　　)归类。

A. 汽车的零部件　　B. 汽车底盘　　C. 汽车车身　　D. 汽车整车

30. 用金属线加强的纺织纱线应作为(　　)归类。

A. 线、绳、索、缆　　B. 金属线　　C. 含金属纱线　　D. 第59章的商品

31. 直属海关经审核认定申请预归类的商品在商品归类决定等相关5大具有法律效力的归类依据中没有明确规定的，应当在接受申请之日起(　　)个工作日内告知申请人按照规定申请行政裁定。

A. 3　　B. 5　　C. 7　　D. 15

32. 直属海关经审核认定申请预归类的商品在商品归类决定等相关5大具有法律效力的归类依据中有明确规定的，应当在接受申请之日起(　　)个工作日内制发《商品预归类决定书》。

A. 3　　B. 5　　C. 7　　D. 15

33.《预归类决定书》自海关(　　)有效。

A. 签发之日起半年内　　B. 签发之日起一年内

C. 签发之日起两年内　　D. 签发之日起

34. 不锈钢制自行车用滚子链应作为(　　)归类。

A. 品目84.83的商品　　B. 自行车零件

C. 通用零件　　D. 品目87.12的商品

35. 镀金的铝合金制烟盒应作为(　　)归类。

A. 仿首饰　　B. 铝制品　　C. 首饰　　D. 金银器

36. 申请商品预归类应当在货物拟作进口的(　　)天前向直属海关提交书面申请。

A. 30　　B. 45　　C. 60　　D. 75

37. 预归类申请人应是(　　)。

A. 在海关注册的进出口货物的经营单位　　B. 进出口货物的经营单位或其代理人

C. 进出口货物的经营单位的代理人　　D. 海关进出口商品预归类人

38. 在进行商品税则分类时，对看起来可归入两个或以上税号的商品，在税目条文和注释均无规定时，其归类次序为(　　)。

A. 基本特征、最相类似、具体列名、从后归类　　B. 具体列名、基本特征、从后归类、最相类似

C. 最相类似、具体列名、基本特征、从后归类　　D. 具体列名、最相类似、基本特征、从后归类

39. 依据义乌小商品简化归类的原则，对符合规定的商品以《进出口税则》中(　　)为单位进行归并。

A. 类　　B. 章　　C. 分章　　D. 品目

40. 海关总署或授权机构应当自收到行政裁定申请书之日起(　　)个工作日内，审核决定是否受理该申请，并书面告知申请人。

A. 15　　B. 60　　C. 30　　D. 90

41. 以(　　)为分类标志可以将化工商品分为有机化工品和无机化工品。

A. 加工方法　　B. 制造方法　　C. 主要成分　　D. 行业门类

42. 归类总规则(　　)是阐述"有条件地扩大了品目条文所列出的货品范围"的条款。

A. 三　　B. 四　　C. 五　　D. 二

43. 下列选项中适于通过质疑途径解决归类争议的情况是(　　)。

A. 进出口货物的收发货人及其代理人在货物实际进出口前，对直属海关做出的预归类决定存有异议的

B. 海关与收发货人及其代理人在通关过程中对进出口货物的商品归类存有争议的

C. 进出口货物的收发货人及其代理人对已放行货物的商品归类存在疑问的

D. 海关对已放行货物的商品归类存在疑问时

44. 解决商品归类的具有法律效力的依据有归类总规则、类注、章注、子目注释，它们的优先顺序应为(　　)。

A. 子目注释—章注—类注—归类总规则　　B. 归类总规则—类注—章注—子目注释

C. 类注—章注—子目注释—归类总规则　　D. 子目注释—归类总规则—类注—章注

二、多项选择题

1. H. S. 中的税(品)目中所列货品，除完整品和制成品外，还应包括(　　)。

A. 在进出口时具有完整品基本特征的不完整品

B. 在进出口中具有制成品基本特征的未制成品

C. 完整品或制成品在进出口时的未组装件或拆散件

D. 具有完整品或制成品基本特征的不完整品或未制成品在进出口时的未组装件或拆散件

2. 所谓“零售的成套货品”必须同时符合的条件是(　　)。

A. 包装形式适于直接销售给用户而无须重新包装

B. 由归入不同品目号的货品组成

C. 为了开展某项专门活动而将几件物品包装在一起

D. 为了迎合某项需求而将几件产品包装在一起

3. 下列货品属于 H. S. 归类总规则中所规定的“零售的成套货品”的是(　　)。

A. 一个礼盒，内有咖啡一瓶、咖啡伴侣一瓶、塑料杯子两只

B. 一个礼盒，内有一瓶白兰地酒、一只打火机

C. 一个礼盒，内有一包巧克力、一个塑料玩具

D. 一碗方便面，内有一块面饼、两包调味品、一把塑料小叉

4. 包装容器符合(　　)要求，应与所装的物品一同归类。

A. 制成特定形状或形式　　B. 适合长期使用

C. 与所装物品一同报验、一同出售　　D. 不构成整个物品的基本特征

5. 下列货品进出口时，包装物与所装物品应分别归类的有(　　)。

A. 装液化气用的钢瓶　　B. 装茶叶的银制茶叶罐

C. 装电视机的纸箱　　D. 分别进口的照相机和照相机套

三、判断题

1. 已具有成品零件的形状特征，但是还不能直接使用的毛坯件，可按成品零件归类(除另有规定外)。(　　)

2. “从后归类”的原则是进行商品归类时优先使用的原则。(　　)

3. 当货品看起来可归入两个或两个以上税目时，应按“基本特征”的原则归类。(　　)

4. 按照归类总规则的规定，税目所列货品，还应视为包括该货物的完整品或制成品在进出口时的未组装件和拆散件。(　　)

5. 进出口商品在品目项下各子目的归类应当按照品目条文和类注、章注确定。(　　)

6. 对进出口商品进行归类时，如果该商品在品目条文上有具体列名可以直接查到，则无须运用总规则。(　　)

四、商品归类题

1. 面料为牛皮，衬里为兔毛皮的手套(明显供劳保用)

2. 牛皮革制女式腰带

3. 提箱(牛皮革制)
4. 塑料片制首饰盒(嵌有银制小花)
5. 毛皮大衣
6. 纯棉钩编套头衫
7. 镀金属皮革
8. 钢纸制得的公文箱
9. 涤纶机织方形餐巾(非刺绣)
10. 面料为纯毛大衣呢,衬里为兔毛皮的大衣
11. 柳条编结成的提箱
12. 巴西花梨木原木
13. 制胶合板用浅红色红柳桉木(板厚 3mm)
14. 胶合板,表层为巴西胡桃木,其他两层为针叶木(每层薄板厚度为 3mm)
15. 表层为巴西红木,其他两层为针叶木的三合板(每层薄板厚度为 7mm)
16. 红木制的床
17. 盒装胶印版纸
18. 纸花边
19. 纸杯(一次用)
20. 用塑料封皮装订成册的中国日报
21. 自印复写纸(卷装,宽度 40cm)
22. 无碳复写纸(自印复写纸、卷装,宽度 30cm)
23. 木炭
24. 分体式空调机包装箱(瓦楞纸制)
25. 音乐会海报(无商业价值)
26. 儿童画册(图画为主、内容适合儿童阅读)
27. 糊墙品(成卷;表层塑料印有图案;底层有衬纸;宽度为 60cm;不宜作铺地材料)
28. 塑料单丝编制的篮子(丝的细度为 4mm)
29. 北京晚报
30. 纸扇
31. 回收的废旧瓦楞纸
32. 手绘的供广告宣传用的时装图纸
33. 木材制成的鞋靴楦
34. 木制门
35. 竹衣架
36. 新闻纸
37. 从回收纸和纸板提取的纤维浆
38. 铺设电车道用枕木(已浸渍防腐材料)
39. 天然软木垫
40. 竹刻的小雕像
41. 强化木
42. 成小本的卷烟纸
43. 壁纸(用木粒饰面、纸为底基、宽 60cm、成卷)
44. 方形滤纸(10cm×10cm)
45. 纸手帕

46. 卫生纸(成卷,宽度 20cm)

47. 转印贴花纸(非釉转印贴花纸)

48. 中国新发行的纪念邮票(未经使用)

49. 我国 17 世纪发行的并使用过的邮票

50. 纯棉针织束腰带

51. 纯棉粉色平纹机织物(100g/m^2;幅宽 110cm)

52. 黑色机织物,按重量计含 40%涤纶短纤维,35%精梳绵羊毛,25%的粗梳骆驼绒(300g/m^2,幅宽 180cm)

53. 皮棉(未梳的棉花)

54. 雪尼尔线(绳绒线)

55. 马毛纱线

56. 粗松螺旋花线

57. 马毛粗松螺旋花线

58. 用 5mm 宽的扁条交织成的机织物;宽度大于 30cm

59. 由粗梳羊毛 70%和精梳羊毛 30%混纺的机织物

60. 纯棉单纱

61. 按重量计含毛 20%、黄麻 25%、棉 55%的漂白机织物(110g/m^2)

62. 下摆不收紧的纯棉针织男汗衫(无领、无门襟)

63. 未梳兔毛

64. 旧的纯真丝结织栽绒地毯(块状)

65. 部分定向聚酯纱线

66. 粘胶单丝(长丝,截面尺寸 0.9mm、细度 80 分特)

67. 塑料单丝(截面尺寸 2mm、细度 80 分特)

68. 手工针绣嵌花装饰毯

69. 人发制的滤布(用于榨油机器;宽度大于 30cm)

70. 真丝筛布

71. 真丝双绉制连衣裙(机织)

72. 蓝色机织物,按重量计含有 35%的锦纶长丝、25%的涤纶短纤、40%的精梳羊毛(幅宽 110cm)

73. 尼龙机织布制女式游泳衣

74. 旧的草帽(大袋装)

75. 棉涤纶平纹布(漂白纱线和未漂白纱线交织而成;210g/m^2;按重量计棉 55%、涤纶 45%;幅宽 110cm)

76. 磨蓝纯棉牛仔布(粗斜纹布,400g/m^2)

77. 棉制充气褥垫

78. 按重量计含绵羊毛 10%、兔毛 15%、粘胶短纤 75%的藏蓝色机织物

79. 絮胎制婴儿尿布

80. 散装未梳碳化绵羊毛

81. 涤纶窗帘(钩编)

82. 大包装旧塑料鞋

83. 裁成服装形状的韩服裁片(真丝机织物制的;女式;完整)

84. 纯涤纶针织女式分指手套

85. 纯棉针织手套(适合身高 86cm 婴儿穿用)

86. 聚乙烯扁条机织物制的包装袋(扁条表观宽度为 2mm)

87. 尼龙绸制的折叠伞套(与伞一同进口、未装配在一起)

88. 麻制机织布床罩(刺绣)

89. 供女式羽绒服用的可拆卸帽子(100%涤纶机织物为原料)

90. 纯棉男上衣

91. 纯棉印花机织毛巾被

92. 针织“长毛绒”织物,幅宽 110cm,绒面由腈纶构成

93. 羊皮短统靴,外底由塑料构成

94. 针织男式带风帽腈纶棉防寒短上衣(构成机织物的纺织材料,按重量计含有 60%的棉、40%的涤纶短纤)

95. 合成纤维针刺毡呢(经浸渍处理;幅宽 2m)

96. 下摆收紧的纯绵羊毛针织女背心

97. 擦碗布

五、 实务操作题

2014 年 3 月,浙江华通机电进出口公司为杭州瑞丰混凝土公司代理进口 10 辆机动混凝土搅拌车,浙江华通机电进出口公司委托汉德报关行办理商品归类和确定海关监管条件。

任务 1:要认知,要“识货”。

任务 2:套用六大归类总规则。

任务 3:归出税则号。

任务 4:利用互联网查找、确定海关监管条件。

第五章

进出口税费

一、 单项选择题

1. (　　)不属于进出口环节由海关依法征收的税费。

A. 关税　　B. 消费税

C. 进口车辆购置附加费　　D. 增值税

2. 我国关税的征税主体是(　　)。

A. 国家及代表国家的海关　　B. 国家税务局

C. 进出口货物的收发货人　　D. 财政部

3. 我国关税的客体即征税对象是(　　)。

A. 进出口货物的货主　　B. 办理通关手续的海关

C. 准许进出境的货物和物品　　D. 各类进出境人员、运输工具、货物和物品

4. 滞纳金、滞报金的征收标准分别是(　　)和(　　)。

A. 1‰;0.5‰　　B. 0.5‰;0.5‰　　C. 1‰;1‰　　D. 0.5%;0.5%

5. 进口货物收货人应当自运输工具申报进境(　　)内向海关申报。

A. 之日起 14 日　　B. 之日起 15 日　　C. 次日起 14 日　　D. 次日起 15 日

6. 关税的纳税义务人应当自(　　)向指定银行缴纳税款，逾期缴纳的，海关依法在应纳税款的基础上，按日加收滞纳税款(　　)的滞纳金。

A. 运输工具申报进境之日起 14 日内;0.5‰　　B. 运输工具申报进境之日起 15 日内;0.5‰

C. 海关填发税款缴款书之日起 14 日内;5‰　　D. 海关填发税款缴款书之日起 15 日内;0.5‰

7. 在我国不属于海关征收的税种是(　　)。

A. 营业税　　B. 关税　　C. 进口环节增值税　　D. 进口环节消费税

8. 目前我国对关税配额外进口一定数量的(　　)实行滑准税。

A. 棉花　　B. 小麦　　C. 大豆　　D. 玉米

9. 当进口棉花的完税价格高于或等于(　　)元/kg 时，按 0.570 元/kg 计征从量税。

A. 100　　B. 15　　C. 10.47　　D. 10.746

10. 进口环节增值税的起征额为人民币(　　)元，进口环节消费税的起征额为人民币(　　)元。

A. 10;50　　B. 50;10　　C. 50;50　　D. 100;100

11. 以下关于我国增值税的说法正确的是(　　)。

A. 进口环节的增值税以组成价格作为计税价格，征税时不得抵扣任何税额

B. 我国对进口的货物一律按 13%的税率征收增值税

C. 对于进口的图书、报纸、杂志，增值税率为 17%

D. 对于由中国残疾人联合会直属事业单位进口的残疾人专用物品，一律按 13%的低税率征收增值税

12. 目前我国不实行从量计税的进口商品是(　　)。

A. 冻乌鸡　　B. 鲜啤酒　　C. 盘装胶卷　　D. 发动机

13. 我国的进口环节消费税由(　　)征收。

A. 国家税务局　　B. 财政部

C. 海关　　D. 进出口货物的收发货人

14. 我国目前征收的进口附加税主要是(　　)。

A. 反倾销税　　B. 反补贴税　　C. 保障措施关税　　D. 报复性关税

15. 海关于2012年4月17日(周二)填发海关专用缴款书。国家调整休息日,4月29日至5月1日放假调休,共3天。为避免产生滞纳金,纳税义务人最迟应缴纳税款的日期是(　　)。

A. 5月2日　　B. 5月3日　　C. 5月4日　　D. 5月8日

16. 海关于2012年6月8日(周五)填发海关专用缴款书,进口货物收货人于6月27缴纳税款,已知该批货应征关税为人民币80 000元,则滞纳金为(　　)元。

A. 0　　B. 80　　C. 160　　D. 125

17. 当进口货物的完税价格不能按照成交价格确定时,海关应当依次使用相应的方法估定完税价格,依次使用的正确顺序是(　　)。

A. 相同货物成交价格方法→类似货物成交价格方法→倒扣价格方法→计算价格方法→合理方法

B. 类似货物成交价格方法→相同货物成交价格方法→倒扣价格方法→计算价格方法→合理方法

C. 相同货物成交价格方法→类似货物成交价格方法→合理方法→倒扣价格方法→计算价格方法

D. 倒扣价格方法→计算价格方法→相同货物成交价格方法→类似货物成交价格方法→合理方法

18. 在确定进口货物的完税价格时,下列(　　)费用或价值不应计入。

A. 买方负担的除购货佣金以外的佣金和经纪费

B. 买方以免费或低于成本价的方式向卖方提供的材料及部件

C. 境外技术培训费

D. 卖方直接或间接从买方转售、处置或使用中获得的收益

19. 在确定进口货物的完税价格时,下列(　　)费用或价值不应计入。

A. 与进口货物作为一个整体的容器费

B. 作为销售条件,由买方直接或间接支付的特许使用费

C. 为在境内复制进口货物而支付的费用

D. 包装费

20. 某工厂从美国某企业购买了一批机械设备,成交条件为CIF广州,该批货物的发票列示如下:机械设备USD 500 000,运保费USD 5000,卖方佣金USD 25 000,培训费USD 2000,设备调试费USD 2000。该批货物向海关申报的总价应是USD(　　)。

A. 527 000　　B. 530 000　　C. 532 000　　D. 552 000

21. 某进出口贸易公司从美国进口了一台设备,发票列明如下:成交价格为CIF境内某口岸USD 100 000,进口后的安装、调试费USD 6000。经海关审查上述成交价格属实,且安装、调试费已包括在成交价格中,则海关审定该台设备的完税价格为USD(　　)。

A. 100 000　　B. 106 000　　C. 94 000　　D. 96 000

22. 某公司从英国进口一套机械设备,发票列明如下:发票价格为CIF上海USD 200 000,设备进口后的安装及调试费为USD 8000,设备进口后从上海运至武汉的运费为USD 1000,进口关税为USD 1000,上述安装调试费、上海运至武汉的运费、进口关税已包括在价款中,则经海关审定的该设备的成交价格为USD(　　)。

A. 200 000　　B. 208 000　　C. 191 000　　D. 190 000

23. 某公司从德国进口一套机械设备,发票列明:设备价款CIF天津USD 300 000,设备进口后的安装及技术服务费用UDS 10 000,买方佣金USD 1000,卖方佣金USD 1500。该批货物经海关审定后的成交价格应为USD(　　)。

A. 311 000　　B. 301 500　　C. 301 000　　D. 291 500

24. 某家企业从法国进口一台模具加工机床，发票分别列明：设备价款 CIF 上海 USD 600 000，机器进口后的安装调试费为 USD 20 000，卖方佣金 USD 2000，与设备配套使用的操作系统使用费 USD 80 000。该批货物经海关审定的成交价格应为 USD(　　)。

A. 702 000　　B. 682 000　　C. 680 000　　D. 662 000

25. 某企业以 CIF 成交方式购进一台砂光机，先预付设备款 25 000 港币，发货时再支付设备价款 40 000 港币，并另直接支付给境外某权利所有人专用技术使用费 15 000 港币，此外，提单上列明 THC 费为 500 港币，该批货物经海关审定的成交价格为(　　)港币。

A. 65 500　　B. 65 000　　C. 80 500　　D. 80 000

26. 某企业从德国进口医疗检查设备一台，发票分别列明：CIF 上海 50 000 美元/台，境外培训费 3000 美元。此外，合同列明设备投入使用后买方从收益中另行支付卖方 20 000 美元。该批货物经海关审定的成交价格应为(　　)美元。

A. 73 000　　B. 50 000　　C. 70 000　　D. 53 000

27. 广东某公司从日本进口印刷机 1 台，发票列明：交易单价为 CIF 广州 100 000 美元/台，专有技术费 10 000 美元，销售佣金 3000 美元，该批货物经海关审定的成交价格应为(　　) 美元。

A. 100 000　　B. 103 000　　C. 110 000　　D. 113 000

28. 出口货物的完税价格由海关以该货物的成交价格为基础审查确定，如果成交价格包含有出口关税，则出口货物的完税价格为(　　)。

A. FOB　　B. CIF　　C. FOB-出口税　　D. CIF-出口税

29. 某航空公司以租赁方式从美国进口一架价值 USD 1 800 000 的小型飞机，租期 1 年，年租金为 USD 60 000，此情况经海关审查属实。在这种情况下，海关审定该飞机的完税价格为 USD (　　)。

A. 1 800 000　　B. 60 000　　C. 1 860 000　　D. 1 740 000

30. 关于特殊贸易方式进口货物的完税价格审定原则，下列表述中错误的是(　　)。

A. 内销的进料加工进口料件或其制成品，以料件申报内销时的价格估定

B. 加工贸易加工过程中产生的副产品，以申报内销时的价格估定

C. 减税或免税的进口货物需予补税时，应当以海关审定的该货物原进口时的价格，扣除折旧部分价值作为完税

D. 留购的租赁货物以海关审定的留购价格作为完税价格

31. 我国某出口加工企业从中国香港购进中国台湾产的薄形尼龙布一批，加工成女式服装后，经批准运往区外内销，该批服装向海关申报出区时，其原产地应申报为(　　)。

A. 中国香港　　B. 中国台湾　　C. 中国　　D. 国别不详

32. 用于所获得或生产产品中的原产于东盟成员方的成分不少于该货物 FOB 价的(　　)，并且最后的工序是在成员方境内完成，则认定原产国为东盟成员国。

A. 40%　　B. 30%　　C. 50%　　D. 60%

33. 最不发达国家特别优惠关税待遇原产地证书自签发之日起(　　)内有效。

A. 3 个月　　B. 半年　　C. 1 年　　D. 180 天

34. 直属海关将在接到申请人的书面申请和全部必要文件资料后(　　)天内，做出原产地的预确定决定。

A. 60　　B. 90　　C. 150　　D. 180

35. 关于暂定税率适用的原则，下列表述错误的是(　　)。

A. 适用最惠国税率的进口货物同时有暂定税率的，应当适用暂定税率

B. 适用协定税率、特惠税率的进口货物有暂定税率的，应当从低适用税率

C. 适用普通税率的进口货物，不适用暂定税率

D. 适用出口税率的出口货物有暂定税率的，不适用暂定税率

36. 原产地规则关系到对进口货物实施不同的税率，下列表述中不符合非优惠原产地规则的实质性改变标准规定的是（　　）。

A. 货物经加工后，在海关进出口税则中的税号(4位数一级的税则号列)已有了改变

B. 货物经重新筛选并重新包装

C. 货物经加工后，增值部分占新产品总值的比例已经达到30%

D. 货物经加工后，增值部分占新产品总值的比例已经达到30%以上

37. 根据《中华人民共和国关税条例》的规定，货物进口或出口时，一般情况下海关按照（　　）实施的税率计征关税。

A. 办理海关手续之日　　B. 装载货物的运输工具进境之日

C. 海关接受货物申报进口或者出口之日　　D. 向海关指定银行缴纳税款之日

38. 非优惠原产地认定标准之一的从价百分比标准，是指在某一国家(地区)对非该国(地区)原产原料进行制造、加工后的增值部分，超过所得货物价值的（　　）。

A. 30%　　B. 40%　　C. 55%　　D. 60%

39. 境内某公司从香港购进孟加拉国产的某商品一批，设该商品的最惠国税率为10%，普通税率为30%，亚太贸易协定税率为9.5%，香港CEPA项下税率为0，该商品进口时适用的税率是（　　）。

A. 10%　　B. 30%　　C. 9.5%　　D. 0

40. 境内某公司与香港某公司签约进口韩国产的彩色超声波诊断仪2台，直接由韩国运抵上海，成交价格CIF上海10 000美元/台。假设外汇汇率为1美元=7元人民币，最惠国税率为5%，普通税率为17%，亚太贸易协定税率为4. 5%，则应征进口关税税额为（　　）元人民币。

A. 0　　B. 3150　　C. 6300　　D. 11 900

41. 我国某公司出口货物，成交价格为CIF纽约1000美元，假设外汇汇率为1美元=7元人民币，已知运费折合为1500元人民币，保险费为50元人民币，出口税率为15%，则海关应征关税税额为（　　）元人民币。

A. 710.87　　B. 643.48　　C. 906.52　　D. 886.37

42. 某公司进口货物应缴纳关税20 000元，增值税30 000元，海关于4月28日(周五)开出缴纳通知单，该公司于5月18日缴纳，问海关应该征收（　　）元滞纳金。

A. 0　　B. 50　　C. 75　　D. 100

43. 海关于2012年4月13日(周五)填发海关专用缴款书(注：4月29日至5月1日放假调休，共3天。4月28日为星期六，正常上班)，纳税义务人于5月4缴纳税款，则滞纳期为（　　）天。

A. 1　　B. 2　　C. 4　　D. 6

44. 上海某公司从香港购买一批美国产的冻的整鸡6000kg，成交价格为CIF上海HKD 12/kg。假设外汇折算价为1港元=0.9426元人民币，该批商品的最惠国税率为1.3元人民币/kg，普通税率为5.6元人民币/kg，则应征进口关税（　　）元人民币。

A. 0　　B. 88 227.36　　C. 33 600　　D. 7800

45. 境内某公司从日本进口电焊机一批，已知该批货物应征关税税额为人民币15 000元，进口环节增值税额为人民币30 000元，海关于2013年4月16日(星期二)填发海关专用缴款书，该公司于2013年5月6日缴纳税款，应缴的税款滞纳金是（　　）元。(注：五一放假时间为5月1日至5月3日)

A. 0　　B. 45　　C. 67.50　　D. 225

46. 境内某公司从香港进口日本产的冷却肉切片机2台，成交价格为CIF广州50 000美元/台，假设外汇汇率为1美元=7元人民币，最惠国税率为7%，普通税率为30%，则应征进口关税（　　）元人民币。

A. 24 500　　B. 49 000　　C. 105 000　　D. 210 000

47. 纳税义务人、担保人超过（　　）仍未缴纳税款的，海关可以采取强制措施扣缴。

A. 15天　　B. 1个月　　C. 3个月　　D. 6个月

48. 下列进口货物中，属于法定免税进口的货物是（　　）。

A. 某三资企业以保税方式进口的生产原材料

B. 某大学进口用于科研实验用器材

C. 某化妆品公司用于广告宣传而进口的免费赠送的试用化妆品

D. 残疾人进口的残疾人专用轮椅

49. 下列进出口货物中，属于法定减免税范围的是（　　）。

A. 关税完税价格在人民币 50 元以下的一票货物

B. 无商业价值的货样、广告品

C. 外国政府、国际组织、商业机构无偿赠送的物资

D. 在海关放行后遭受损坏或损失的货物

50. 关税税额在人民币（　　）元以下的一票进出口货物，免征关税。

A. 50　　B. 500　　C. 200　　D. 100

51. 海关补征进出口货物关税和进口环节代征税时，应向纳税人填发（　　）。

A. 收入退还书　　B. 海关专用缴款书

C. 海关行政事业收费专用票据　　D. 征免税证明

52. 因收发货人或其代理人违反规定造成的少征或者漏征，海关在（　　）内可以追征。

A. 1 年　　B. 2 年　　C. 3 年　　D. 6 个月

53. 海关发现多征税款的，应当立即通知纳税义务人办理退还手续，纳税义务人应当（　　）。

A. 自收到通知之日起 1 年内办理有关退税手续

B. 自收到通知之日起 3 个月内办理有关退税手续

C. 自海关发出通知之日起 1 年内办理有关退税手续

D. 自海关发出通知之日起 3 个月内办理有关退税手续

54. 因纳税义务人违反规定造成少征或漏征税款的，海关可以在规定期限内追征税款并从缴纳税款或者货物放行之日起至海关发现违规行为之日止按日加收少征或漏征税款的滞纳金。其规定期限和滞纳金的征收标准分别为（　　）和（　　）。

A. 1 年；0.5‰　　B. 3 年；0.5‰　　C. 1 年；1‰　　D. 3 年；1‰

二、多项选择题

1. 我国关税的纳税义务人有（　　）。

A. 出口货物的发货人　　B. 运输工具负责人

C. 进口货物的收货人　　D. 进出境物品的所有人

2. 下列属于进口附加税的有（　　）。

A. 反倾销税　　B. 反补贴税　　C. 保障措施关税　　D. 报复性关税

3. 根据《中华人民共和国消费税暂行条例》的规定，下列进口商品中按从量定额办法计征消费税的有（　　）。

A. 石油原油　　B. 胶卷　　C. 冻鸡　　D. 啤酒

4. 我国增值税基本税率为 17%，但对于一些关系到国计民生的重要物资，增值税税率较低，为 13%。下列选项中属于 13%增值税税率的有（　　）。

A. 粮食、食用植物油　　B. 自来水、石油、柴油、汽油

C. 图书、报纸、杂志　　D. 饲料、化肥、农药、农机、农膜

5. 我国进口关税计征方法包括（　　）。

A. 从价税　　B. 从量税　　C. 复合税　　D. 滑准税

6. 下列关于滑准税的表述正确的有（　　）。

A. 当商品价格上涨时采用较高税率
B. 当商品价格上涨时采用较低税率
C. 当商品价格下跌时采用较高税率
D. 当商品价格下跌时采用较低税率

7. 下列税费中，不足人民币 50 元免予征收的有（　　）。
A. 滞纳金　B. 关税　C. 增值税　D. 消费税

8. 下列船舶中，免征船舶吨税的有（　　）。
A. 应纳税额在人民币 50 元以下的船舶
B. 自境外以购买、受赠、继承等方式取得船舶所有权的初次进口到港的空载船舶
C. 吨税执照期满后 24 小时内不上下客货的船舶
D. 非机动驳船

9. 下列属于关税附加税的有（　　）。
A. 反倾销税　B. 反补贴税　C. 保障措施关税　D. 关税

10. 下列商品要征收消费税的有（　　）。
A. 烟、酒、酒精、鞭炮、焰火
B. 贵重首饰及珠宝玉石、化妆品、护肤品
C. 小轿车、摩托车
D. 汽油、柴油

11. 一般进口货物完税价格除包括货物的货价外，还应包括的费用有（　　）。
A. 与进口货物作为一个整体的容器费用
B. 经纪费
C. 买方佣金
D. 货物运抵我国关境内输入地点起卸前的包装费、运费和其他劳务费、保险费

12. 在确定进口货物的完税价格时，下列（　　）费用或价值应计入。
A. 买方负担的除购货佣金以外的佣金和经纪费
B. 作为销售条件，由买方直接或间接支付的特许权使用费
C. 由买方向卖方免费提供的，在境外完成的为生产该货物所需的工程设计及制图等工作的价值
D. 卖方直接或间接从买方转售、处置或使用中获得的收益

13. 进口货物的价款中单独列明的下列税收、费用，下列（　　）不计入该货物的完税价格。
A. 厂房、机械、设备等货物进口后进行建设、安装、装配、维修和技术服务的费用
B. 进口关税及国内税收
C. 货物运抵境内输入地点起卸后的运输及其相关费用、保险费
D. 境内外技术培训及境外考察费用

14. 计入完税价格中的所有项目的费用或价值，必须同时满足（　　）条件。
A. 由买方负担
B. 未包括在进口货物的实付或应付价格中
C. 有客观量化的数据资料
D. 由卖方负担

15. 成交价格必须具备（　　）条件才能被海关所接受，否则不能适用成交价格法。
A. 买方对进口货物的处置和使用权不受限制
B. 货物的价格不应受到导致该货物成交价格无法确定的条件或因素的影响
C. 卖方不得直接或间接地从买方获得因转售、处置或使用进口货物而产生任何收益，除非上述收益能被合理确定
D. 买卖双方之间的特殊关系不影响价格

16. 下列（　　）情况下，海关可以拒绝接受申报价格而另行估价。
A. 买方对进口货物的处置受到了卖方的限制，具体表现进口货物只能用于展示或者免费赠送
B. 买卖双方达成的销售价格是以买方同时向卖方销售其他货物为前提条件
C. 进口方在国内销售进口货物所产生的收益中有一部分返还给出口方，而且这一部分收益的具体金额尚不能被确定

D. 进口方和出口方为同一家族成员，并对成交价格产生影响

17. 下列(　　)情况下，海关可以拒绝接受申报价格而另行估价。

A. 买方对进口货物的处置受到了卖方的限制，具体表现在买方必须将进口货物转售给卖方指定的第三方

B. 买卖双方达成的销售价格是以买方同时向卖方购买一定数量的其他货物为前提

C. 进口方在国内销售进口货物所产生的收益中有一部分返还给出口方，这一部分收益有客观量化的数据资料

D. 进口方和出口方是母子公司，但上述关系并未对成交价格产生影响

18. 特许权使用费包括(　　)。

A. 专利权使用费　　B. 商标权使用费　　C. 著作权使用费　　D. 专有技术使用费

19. 应计入完税价格的协助费用包括(　　)。

A. 进口货物所包含的材料费的价值

B. 进口货物所包含的部件、零件价值

C. 在生产进口货物过程中使用的工具、模具的价值

D. 在生产进口货物过程中消耗的材料的价值

20. 下列应计入出口货物完税价格的项目有(　　)。

A. 出口关税

B. 在货物价款中单独列明由卖方承担的佣金

C. 境内生产货物的成本、利润和一般费用

D. 货物运至境内输出地点装载前的运输及其相关费用、保险费

21. 不计入出口货物完税价格的税收、费用包括(　　)。

A. 出口关税　　B. 输出地点装载后的运费及相关费用

C. 在货物价款中单独列明由卖方承担的佣金　　D. 输出地点装载后的保险费

22. 关于特殊贸易方式进口货物的完税价格审定原则，下列表述中正确的有(　　)。

A. 内销的进料加工进口料件或其制成品，以料件申报内销时的价格估定

B. 加工企业内销加工过程中产生的边角料，以海关审查确定的内销价格作为完税价格

C. 运往境外加工的货物复运进境，以海关审定的该货物的境外加工费和料件费作为完税价格

D. 出口加工区内的加工企业内销的制成品，海关以接受内销申报的同时或大约同时进口的相同或者类似货物的进口成交价格为基础审查确定完税价格

23. 下列关于海关对某些特殊进口货物完税价格审定的叙述，正确的有(　　)。

A. 符合海关规定运往香港修理的价值 HKD 400 000 的运输船，在香港的修理费和材料费共计 HKD 30 000，修理完毕在规定期限复进境时，海关应按 HKD 400 000 审定完税价格

B. 符合海关规定前往香港作后期加工制作的卡拉 OK 影碟，在规定期限进境时向海关申报境外加工费为 HKD10/张，海关可按 HKD10/张加上该影碟复进境时的运输及相关费用、保险费审定完税价格

C. 某单位未到监管年限的免税进口小轿车，在申请内销补税时，海关按其原进口时的成交价格，扣除折旧部分价值作为完税价格

D. 留购的租赁货物以海关审定的留购价格作为完税价格

24. 相同货物是指与被估货物在所有方面都相同的货物，包括(　　)。

A. 物理性质　　B. 质量和信誉　　C. 生产国(地区)　　D. 包装

25. 下列关于海关审定加工贸易保税货物内销完税价格的表述，正确的有(　　)。

A. 进料加工进口料件内销时，以料件原进口成交价格为基础审查确定完税价格

B. 进料加工制成品内销时，以料件原进口成交价格为基础审查确定完税价格

C. 来料加工进口料件内销时，以接受内销申报的同时或者大约同时进口的相同或者类似的货物的进口成交价格为基础审查确定完税价格

D. 来料加工制成品内销时，以接受内销申报的同时或者大约同时进口的相同或者类似的货物的进口成交价格为基础审查确定完税价格

26. 海关对（　　）可以不进行价格质疑或价格磋商。

A. 危险品　　B. 鲜活品　　C. 易腐品、易失效品　　D. 废品、旧品

27. 关于海关估价方法，下列叙述错误的有（　　）。

A. 海关在审定进口货物完税价格时，应优先采用成交价格法

B. 当进口货物的成交价格经海关审查未能确定时，才能依此使用其他估价方法

C. 在使用其他估价方法时，海关可优先使用合理方法

D. 相同货物的估价方法，是指在所有方面都相同的货物，即使包装上也不能有任何微小差别

28. 目前我国签署的各项优惠贸易协定主要用的是从价百分比标准，下列说法正确的有（　　）。

A.《亚太贸易协定》项下，非成员国原产的或者不明原产地的材料的总价值不超过该货物 FOB 价的 55%（孟加拉国除外）

B.《框架协议》项下，原产于任一东盟成员国的中国—东盟自贸区成分不低于该货物 FOB 价的 40%

C. 港、澳 CEPA 项下，在港、澳获得的原料、组合零件、劳工价值和产品开发支出价值的合计，与在港、澳生产或获得产品 FOB 价的比例应不低于 30%

D. 在台湾地区使用非台湾地区原材料生产的货物，以该协议项下产品特定原产地规则中该货物所对应的区域价值成分为标准

29. 完全获得标准是确定货物原产地的重要标准，下列属于优惠原产地下完全获得标准的有（　　）。

A. 从该国领土或领海内开采的石油　　B. 在该成员国或者地区境内收获的小麦

C. 从该国境内出生并饲养的活动物　　D. 在该成员国或者地区境内采摘的苹果

30. 关于原产地证，下列说法错误的有（　　）。

A.《中国—东盟合作框架协议》进口货物的原产地证书，应当自东盟国家有关机构签发之日起 4 个月向我国境内申报地海关提交，经过第三方转运的，提交期限延长为 6 个月

B. 原产于东盟国的进口货物，如果每批产品的 FOB 价不超过 200 美元的，免于提交原产地证书或流动证明，但进口货物收货人应同时按照有关要求就进口货物具备原产资格进行书面声明

C. 港、澳 CEPA 的原产地证明书，一个原产地证书可多次使用，适用于多批进口货物

D. ECFA 原产地证书的有效期为自签发之日起 12 个月内有效

31. 下列有关运用《中华人民共和国海关进出口税则》规定征收关税的表述，正确的有（　　）。

A. 执行国家有关税率减征政策时，在暂定最惠国税率基础上再进行减免

B. 对于原产于中国境内的进口货物，适用最惠国税率

C. 对于原产地不明的进口货物，按照普通税率计征

D. 对于同时适用多种税率的进口货物，在选择适用的税率时，基本的原则是“从高计征”

32. 下列关于进口税率适用的表述正确的有（　　）。

A. 按照普通税率征税的进口货物，不适用进口货物暂定税率

B. 对于无法确定原产国别的货物，按普通税率征税

C. 适用最惠国税率的进口货物有暂定税率的，应当适用暂定税率

D. 适用协定税率、特惠税率的进口货物有暂定税率的，应当适用暂定税率

33. 关于税率适用时间，下列表述正确的有（　　）。

A. 减免税货物经批准转让或者移作他用的，应当适用海关批准之日实施的税率征税

B. 因纳税义务人违反规定需要追征税款的，应当适用海关发现该行为之日实施的税率

C. 租赁进口货物分期缴纳税款的，应当适用海关接受纳税义务人再次填写报关单申报办理纳税手续之日实施的税率

D. 进口货物到达前，经海关核准先行申报的，应当适用装载货物的运输工具申报进境之日实施的税率

34. 下列(　　)情形下，应当适用海关接受纳税义务人再次填写报关单申报办理纳税手续之日实施的税率。

A. 保税货物经批准不复运出境的　　B. 保税仓储货物转入国内市场销售的

C. 减免税货物经批准转让的　　D. 租赁进口货物分期缴纳税款的

35. 下列(　　)属于非优惠原产地认定标准中的“实质性改变标准”。

A. 完全获得标准　B. 税则归类改变标准　C. 从价百分比标准　D. 加工工序标准

36. 下列进口货物中，应当适用装载货物的运输工具申报进境之日实施的税率的有(　　)。

A. 到达前经海关批准先行申报的进口货物

B. 货物运抵指运地前经海关核准先行申报的进口转关运输货物

C. 因超过规定期限未申报而由海关依法变卖的进口货物

D. 因纳税义务人违反规定需要追征税款的进口货物

37. 关于各类优惠贸易协定项下的优惠原产地认定标准，以下表述正确的有(　　)。

A. 完全获得是指从成员国(地区)直接运输进口的货物是完全在该成员国(地区)获得或产生的

B. 税则归类改变是指原产于成员国(地区)的材料在非成员国(地区)境内进行制造、加工后，所得货物税则归类发生了变化

C. 区域价值成分是指出口货物 FOB 价格扣除生产过程中该成员国(地区)原产材料价格后，所余价款在出口货物 FOB 价格中所占的百分比

D. 制造加工工序是指赋予加工后所得货物基本特征的主要工序

38. 关于税率适用原则，下列表述正确的有(　　)。

A. 进口货物应当适用纳税义务人申报该货物进口之日实施的税率

B. 进口货物到达前，经海关核准先行申报的，应当适用装载该货物的运输工具申报进境之日实施的税率

C. 进口转关运输货物，应当适用指运地海关接受该货物申报进口之日实施的税率

D. 保税货物经批准不复运出境的，应当适用海关接受纳税义务人再次填写报关单申报办理纳税及有关手续之日实施的税率

39. 关于进出口货物税费的计算，下列表述正确的是(　　)。

A. 海关按照该货物适用税率之日所适用的计征汇率折合为人民币计算完税价格

B. 关税税额采用四舍五入法计算至人民币“分”

C. 完税价格采用四舍五入法计算至人民币“元”

D. 滞纳金的起征点为人民币 50 元

40. 在海关审定完税价格时，纳税义务人应履行的义务包括(　　)。

A. 如实提供单证及其他相关资料

B. 如实申报货物买卖中发生的有关规定所列的价格调整项目

C. 价格调整项目如果需要分摊计算的，纳税义务人应当根据客观量化的标准进行分摊，并向海关提供分摊的依据

D. 举证证明特殊关系未对进口货物的成交价格产生影响

41. 纳税义务人不能在海关规定的期限内按照海关要求提供担保的，经关长批准海关可以采取的税收保全措施有(　　)。

A. 通知金融机构暂停向其支付存款　　B. 书面通知金融机构从其存款中扣缴税款

C. 将应税货物依法变卖，以变卖所得抵缴税款　D. 暂扣其货物或者其他财产

42. 下列进口货物若享受减免税，属于特定减免税范围的有(　　)。

A. 外国政府、国际组织无偿赠送的物资　B. 科教用品

C. 残疾人用品　D. 保税区物资

43. 根据国家税务总局和海关总署的规定，当进口货物关税减免时，下列(　　)同时免征进口环节增值税及消费税。

A. 外商投资企业进口物资及国内投资项目进口设备

B. 科教用品、残疾人专用品

C. 救灾捐赠物资

D. 扶贫慈善捐赠物资

44. 经海关审核可以办理退税手续的情况是(　　)。

A. 已缴纳税款的进口货物，因品质或者规则原因原状退货复运出境的

B. 已缴纳出口关税的货物，因故未装运出口申报退关的

C. 已缴纳出口关税的货物，因品质或者规则原因原状退货复运进境的，并已重新缴纳因出口而退还的国内环节有关税收的

D. 因海关误征，致使纳税义务人多缴税款的

45. 对于已缴纳进出口关税的货物，纳税义务人在规定期限内可以申请退还关税的有(　　)。

A. 因规格原因原状退货复运进境，并已重新缴纳因出口而退还的国内环节有关税收的

B. 因销售渠道不畅原状退货退运进境，并已重新缴纳因出口而退还的国内环节有关税收的

C. 因品质原因原状退货复运出境的

D. 因故未装运出口申报退关的

46. 下列可以免征进口关税和进口环节增值税、消费税的特定减免税货物的是(　　)。

A. 科教用品　B. 残疾人专用品　C. 科技开发用品　D. 扶贫慈善捐赠物资

47. 以下属于进出口税费缴纳、退补凭证的是(　　)。

A. 海关专用缴款书　B. 收入退还书(海关专用)

C. 形式发票　D. 全国税务统一专用发票

48. 纳税义务人自缴纳税期限届满之日起超过3个月未缴纳税款的，海关可以采取的税收强制措施有(　　)。

A. 通知金融机构暂停向其支付存款　B. 书面通知金融机构从其存款中扣缴税款

C. 将应税货物依法变卖，以变卖所得抵缴税款　D. 暂扣其货物或者其他财产

三、判断题

1. 从价征收消费税时，消费税组成计税价格的计算公式为：消费税组成计税价格＝(进口关税完税价格＋进口关税税额)÷(1＋消费税比例税率)。(　　)

2. 消费税实行从价计征时，采用价内税的计税方法，即计税价格的组成中包括了消费税税额。(　　)

3. 滑准税是当商品价格上涨时采用较高税率，当商品价格下跌时则采用较低税率的一种关税，其目的是使该种商品的国内市场价格保持稳定。(　　)

4. 当进口棉花完税价格低于或等于15元/kg时，按0.57元/kg计征从量税。(　　)

5. 吨税按照船舶净吨位和吨税执照期限征收。(　　)

6. 船舶吨税起征日为应税船舶进入港口的当日。进境后驶达锚地的，以船舶抵达锚地之日起计算；进境后直接靠泊的，以靠泊之日起计算。(　　)

7. 我国目前征收的进口附加税主要是报复性关税。(　　)

8. 在我国境内销售货物或提供加工、修理修配劳务以及进口货物的单位和个人，应当依照规定缴纳增

值税。 ( )

9. 我国关税征收的客体也就是征税的对象是各类进出境人员、运输工具、货物和物品。 ( )

10. 进口环节增值税采用价内税的计税方法，即计税价格的组成中包括了增值税。 ( )

11. 若经海关调查认定买卖双方有特殊经济关系并影响成交价格，则海关有权不按成交价格法审查确定完税价格。 ( )

12. 海关审定的进口货物的成交价格，是指卖方向中华人民共和国境内销售该货物时买方为进口该货物向卖方实付、应付的价格总额，包括直接支付的价格和间接支付的价款。 ( )

13. 某公司从境外进口葡萄 2000 箱，申报价格 CIF 广州 3800 港币/箱，海关审核单证发现合同规定：货售完后，买方须将销售利润的一部分返还给卖方，而这一部分的具体金额尚不能确定，则海关在估价时不应采用成交价格法确定货物的完税价格。 ( )

14. 某公司从境外进口一批货物，海关审核单证发现合同规定货售完后买方须将销售利润的一部分返还给出口方，这一部分利润没有客观量化的数据资料，则海关不按成交价格法来确定完税价格。 ( )

15. 海关在审定货物的完税价格时，如买卖双方在经营上有相互联系，一方是另一方的独家代理、经销或受让人的，应当视为特殊关系。 ( )

16. 保税区内的加工企业内销的制成品，海关以接受内销申报的同时或大约同时进口的相同或者类似货物的进口成交价格为基础审查确定完税价格。 ( )

17. 海关对运往境外修理的货物，如出口时已向海关报明并在海关规定的期限复运进境的，海关审定其完税价格时以境外修理费和料件费审查确定。 ( )

18. 对运往境外加工复运进境的货物，海关以该货物的境外加工费作为完税价格。 ( )

19. 相同货物成交价格法是《审价办法》中的第一种估价方法。 ( )

20. 进料加工进口料件内销时，以料件原进口成交价格为基础审查确定完税价格。 ( )

21. 经海关批准，留购的暂时进境货物，以海关审查确定的留购价格作为完税价格。 ( )

22. 当进口货物的完税价格不能按照成交价格确定时，海关应当优先采用合理方法确定完税价格。 ( )

23. 出境修理货物复运进境时超过海关规定期限的，由海关按照一般进口货物完税价格审定的规定审查确定完税价格。 ( )

24. 以 CIF 纽约成交的出口货物，从上海口岸申报出口，其完税价格为海关审定的 CIF 纽约价格扣除上海至纽约的运保费，如包括出口关税，还应扣除出口关税。 ( )

25. 出口货物的完税价格是指由海关以该货物的成交价格为基础审查确定，包括货物运至中华人民共和国境内输出地点装载前的运输及其相关费用、保险费。 ( )

26. 进口货物的关税及进口环节税总额在人民币 10 万元以下的，海关可以不进行价格质疑或价格磋商。 ( )

27. 两个及两个以上国家(地区)参与生产或制造的货物，以最后完成实质性改变的国家(地区)为原产地。 ( )

28. 实质性加工是指产品经加工后，在《海关进出口税则》中 4 位数一级的税则归类已经改变，或者加工增值部分占新产品总值的比例已达到 30%及以上。 ( )

29. 对于适用港、澳 CEPA 项下进口的货物，纳税义务人应当主动向申报海关申明该货物适用最惠国税率，并提交符合 CEPA 项下规定的有效原产地证书作为报关的随附单证。 ( )

30. 适用优惠原产地规则的原产地证书，凡是受惠国政府指定机构签发的，即可适用于多批进口货物，并多次使用。 ( )

31. 进口转关运输货物，应当适用指运地海关接受货物申报进口之日实施的税率。 ( )

32. 对于经批准以加工贸易方式保税进口的原材料转为内销时，在向海关办理纳税手续时，其税率应适用向海关申报转为内销之日的税率。 ( )

33. 优惠原产地规则的实施必须遵守最惠国待遇原则，即必须普遍地无差别地适用于所有原产地为最惠国的进口货物。（　）

34. 在计算出口关税时，有暂定税率的，暂定税率的执行优先于出口税率。（　）

35. 除国务院另有规定外，进口的进口关税和进口环节增值税可予以减免的，其进口环节消费税也同时予以减免。（　）

36. 某进出口公司已申报的货物，在海关查验放行后，部分货物因故未能装上出境运输工具。如果货物不再出口，当事人可向海关申请对该部分货物作退关处理，海关核准后可退还该部分货物的已征出口关税。（　）

37. 海关对于法定减免税货物和特定减免税货物都不再进行后续的管理。（　）

38. 进出境运输工具装载的燃料、物料和饮食用品可以免税。（　）

39. 在海关放行前遭受损失的货物可根据海关认定的受损程度减征关税。（　）

40. 进口货物遭受损坏或损失后可以减免关税。（　）

41. 滞纳金的缴纳凭证是"海关行政事业收费专用票据"。（　）

42. 海关退税时，已征收的滞纳金不予退还。（　）

43. 某机械设备进出口公司2008年12月进口一批设备配件，后于2009年2月对该批设备配件进口税款提出异议。海关经审核，发现由于计算错误，造成多征税款43 750元人民币。根据海关的规定，该公司可要求海关予以退还上述多征的税款。（　）

44. 海关应当自受理退税申请之日起30日内查实并通知纳税人办理退还手续。纳税人应当自收到通知之日起60日内办理有关退税手续。（　）

45. 海关发现多征税款的应当立即通知纳税义务人办理退还手续，纳税义务人应当自海关发出通知之日起3月内办理有关退税手续。（　）

46. 进出口货物完税后，由于海关方面的原因造成的少征或者漏征税款，海关可以自缴纳税款或者货物进口之日起3年内，向收发货人或者他们的代理人补征。（　）

47. 对于非收发货人或其代理人原因造成少征或漏征税款的，海关可以自缴纳税款或者货物放行之日起3年内予以补征。（　）

48. 已征税放行的散装进出口货物发现短卸、短装的，如果该货物的发货人、承运人或者保险公司已对短卸、短装部分退还或者赔偿相应货款的，纳税义务人可以向海关申请退还进口或者出口短卸、短装部分的相应税款。（　）

49. 出口货物自出口之日起3年内，因品质或者规格原因原状复运进境的，不征收进口关税。（　）

50. 强制扣缴和变价抵扣的税款含纳税义务人未缴纳的税款的滞纳金。（　）

51. 海关发现多征税款的，应当立即通知纳税义务人办理退还手续，但已征收的滞纳金不予退还。（　）

52. 加工贸易保税货物缓税利息的利率为中国人民银行公布的活期贷款利率，海关根据中国人民银行最新公布的活期存款利率随时调整并公布执行。（　）

53. 除国家政策调整等原因并经海关总署批准外，货物征税放行后，减免税申请人申请补办减免税审批手续的，海关不予受理。（　）

四、计算题

1. 山东华丰食品进出口贸易有限公司从法国进口冷冻整鸡2000kg，以CIF 1.95美元/kg青岛价格条件成交，买方自行向其购货代理人支付佣金200美元。经查，冷冻整鸡税目税号02071200，按从量税征收进口关税，最惠国税税率为1.30元/kg，增值税税率为13%，该商品无进口环节消费税，海关计征汇率为1美元=6.1247元人民币。经海关审定以成交价格作为完税价格征收进口关税和进口环节增值税。试计算该批冷冻整鸡总计应缴纳多少进口税费。

2. 浙江捷达汽车国际贸易有限公司从日本进口排气量为300毫升(mL)，装有往复式活塞内燃发动机摩托车10辆，以每辆3500美元CFR上海价格条件成交，由买方自行投保，支付保险费185美元。海关以成交价格并计入保险费估定该进口货物的完税价格。经查阅进口税则获知，该商品税目税号为87113010，进口关税最惠国税税率为45%，进口环节增值税税率17%，进口环节消费税税率10%，当时的计征汇率为1美元=6.1247人民币元。试计算该批进口货物应征进口关税、进口环节增值税、进口环节消费税以及总计税额各多少。

3. 某贸易公司于2014年5月9日(周五)申报进口一批货物，海关于当日开出税款缴款书。其中关税税款为人民币24 000元，增值税税款为人民币35 100元，消费税税款为人民币18 900元。该公司实际缴纳税款日期为6月5日(周四)。计算该公司应缴纳的滞纳金。

五、综合实务题

杭州市某中外合资企业向其合资外方在境外的母公司进口属自动许可管理的纺织机械设备10台，成交总价为每台1200美元CIF Less 3% Quantity Discount上海(即3%数量折扣价)。合同规定，折扣款在买方付款时自行扣除，若买方将该进口设备转售给其他企业，则应从获取的利润中返回10%给卖方。装载该货物的船舶于2014年12月2日(周二)申报进境，进口货物收货人于12月8日向海关申报。海关在审核完税价格时认为买卖双方存在特殊关系，不能用成交价格作为完税价格，决定采用上个月进口的与该货物型号完全相同的机械设备的成交价格每台1320美元作为完税价格。该进口货物按从价税征收进口关税，税率为10%，进口环节增值税税率为17%，海关计征汇率为1美元=6.1247人民币元。

根据上述情况，请回答下列问题。

1. 若进口货物收货人在(　　)之后向海关申报，则海关应当加收滞报金。

A. 12月14日　　B. 12月15日　　C. 12月16日　　D. 12月17日

2. 根据我国《进出口关税条例》的规定，这批货物应按(　　)征收进口关税。

A. 一般进口货物　　B. 特殊进口货物　　C. 法定免税进口货物　　D. 外资设备物品

3. 海关对纳税义务人所申报的价格表示怀疑，应当首先采用(　　)要求纳税义务人提供资料以证明其申报价格的真实性。

A. 司法程序　　B. 仲裁程序　　C. 价格质疑程序　　D. 价格磋商程序

4. 假如该进口货物确实以“每台1200美元CIF Less 3% Discount上海价”成交，除买方向其代理人支付了360美元的购货佣金外无其他任何瓜葛。海关决定以该成交价格来估定完税价格，估价时不应计入的是(　　)。

A. 保险费　　B. 购货佣金　　C. 海运运费　　D. 折扣款

5. 若海关以“相同货物成交价格法”审定完税价格，纳税义务人对该批进口货物总计应缴纳的进口税额是(　　)元。

A. 98 736.00　　B. 9873.60　　C. 18 463.63　　D. 23 202.81

六、实务操作题

(一) 杭州市宏远公司系外商独资企业，向该企业境外的分公司订购进口设备200套(经查属于自动许可证管理、法定检验的商品)，该企业向海关出具的发票价格为CIF 50 000美元/台。但在该货物进口的同期，海关掌握的相同货物的进口成交价为CIF 60 000美元/台。另外，货物进口后该企业在境内将设备售出，并将其所得价款的10%(8 000美元/台)返还给境外的分公司。经查该设备适用的税率为复合税：其中CIF 50 000美元/台以下(含50 000美元/台)的关税税率为单一从价税；CIF 50 000美元/台以上的关税税率为124 200人民币元/台再加5%的从价税。当期汇率为1美元=6.1247人民币元。宏远公司委托汉德报关行来完成这票进口报关业务，请报关行汉德预先算出海关应征的税款，以便公司能够有所准备。张经理将这件事交给了王红来处理。

王红的工作任务包括以下几项。

任务1：判断该设备要不要征税，是不是一般进出口货物。

任务2：计算该进口设备的完税价格是多少。

任务3：计算该企业报关时应向海关缴纳多少税款。

（二）广东天宇贸易有限公司从新加坡进口一批SONY牌彩色数字电视机，该产品采用日本牌号和商标，其中显像管为新加坡生产，集成电路板为中国香港生产，机壳为马来西亚生产，最后在新加坡组装成整机。经查《海关进口税则》获知，该产品最惠国税率为30%，中国—东盟协定税率为12%，普通税率为130%。

假如你是广东天宇贸易有限公司的报关员，请完成以下工作任务。

任务1：向海关申报时，该彩色数字电视机的原产地应填报哪个国家。

任务2：该进口货物在申报时应适用哪个税率。

任务3：应如何向海关进行申报。

第六章

进出口货物报关单填制

一、单项选择题

1. 海关规定对在海关注册登记的企业给予 10 位数代码编号,称为“经营单位代码”,这 10 位数代码依次是(　　)。

A. 地区代码、企业性质代码和顺序代码

B. 企业详细地址代码、特殊地区代码、企业性质代码和顺序代码

C. 企业所在省、直辖市代码特殊地区、代码、企业性质代码和顺序代码

D. 企业的属地行政区代码、经济区代码、企业性质代码和企业顺序代码

2. 下列关于报关单的“提运单号”一栏填报叙述错误的是(　　)。

A. 水路运输填报进出口运单号,如有分提运单的,填“提运单号 * 分运单号”

B. 汽车运输填报进口运单号

C. 航空运输无分运单的填报总运单号

D. 无实际进出境的,本栏目为空

3. 海关规定进口货物的进口日期是指(　　)。

A. 申报货物办结海关进口手续的日期

B. 向海关申报货物进口的日期

C. 运载货物的运输工具申报进境的日期

D. 所申报货物进入海关监管场地或仓库的日期

4. 中国某公司自新加坡购买一批英国生产的货物,从新加坡起运经中国香港转运至中国内地,填写报关单时起运国(地区)为(　　)。

A. 英国　　B. 新加坡　　C. 中国香港　　D. 不用填

5. 我国某进出口公司(甲方)与新加坡某公司(乙方)签订一出口合同,合同中订明:甲方向乙方出售 5000 件衬衫,于 2013 年 4 月 10 日在上海装船,途经中国香港运往新加坡。在签订合同时,甲方得知乙方还要将该批货物从新加坡运往智利。根据上述情况填写报关单时,填写正确的是(　　)。

A. 运抵国(地区)为“香港”,最终目的国(地区)为“新加坡”

B. 运抵国(地区)为“新加坡”,最终目的国(地区)为“智利”

C. 运抵国(地区)为“香港”,最终目的国(地区)为“智利”

D. 运抵国(地区)为“智利”,最终目的国(地区)为“智利”

6. 运费单价为 100 美元,报关单中的运费栏应填报(　　)。

A. 502/100/1　　B. 100 美元　　C. 100　　D. 502/100/2

7. 神华集团从德国进口一批设备,单价为 CIF 天津 16 000 美元/台,在填制进口报关单时,“单价”栏应为(　　)。

A. 16 000 美元/台　　B. 16 000 美元　　C. 16 000　　D. 502/16 000/2

8. 保险费率为 2.7‰,报关单中的保险费栏应填报(　　)。

A. 2.7/1　　B. 0.27　　C. 2.7　　D. 0.27/1

9. 日本商人从北京购买地毯，陆运至中国香港，再空运经日本到伦敦，报关单中的最终目的国(地区)应为(　　)。

A. 日本　　B. 中国香港　　C. 伦敦　　D. 英国

10. 联合国救灾协调员办事处在美国市场采购原产于加拿大的冰雪救灾物资无偿援助我国，该批物资在洛杉矶装船，在日本东京中转后运抵我国。这种情况下，报关单中的"起运国(地区)"、"原产国"、"装货港"栏应分别填写(　　)、(　　)和(　　)。

A. 日本；美国；东京　　B. 加拿大；美国；洛杉矶
C. 美国；加拿大；东京　　D. 美国；加拿大；洛杉矶

11. 我国某出口加工区内的企业从中国香港购进中国台湾产的薄型尼龙布一批，加工成女式服装后，经批准运往区外内销，该批服装向海关申报出区时，其原产国应申报为(　　)。

A. 中国香港　　B. 中国台湾　　C. 中国　　D. 国别不详

12. 某企业从境外购买用于加工贸易的料件，料件进口后因品质、规格原因退运出境，更换料件后复进口，料件再退运出境。企业在填制出口货物报关单时，"贸易方式"栏应填报(　　)。

A. 进料料件复出　　B. 进料料件退换　　C. 直接退运　　D. 退运货物

13. 大连盛凯公司(0903535020)在投资总额内委托辽宁省机械设备进出口公司(0801914031)与日本三菱重工签约进口工程机械，并委托大连外运公司代理报关。在填制进口报关单时，"经营单位"栏应为(　　)。

A. 大连盛凯公司 0903535020　　B. 辽宁省机械设备进出口公司 0801914031
C. 大连盛凯公司　　D. 大连外运公司

14. 某进出口公司向某国出口 500 吨散装小麦，该批小麦分装在一条船的三个船舱内。出口报关单上的"件数"和"包装种类"两个栏目的正确填报应是(　　)。

A. 件数为 500；包装种类为"吨"　　B. 件数为 1；包装种类为"船"
C. 件数为 3；包装种类为"船舱"　　D. 件数为 1；包装种类为"散装"

15. 某进出口公司向从国外进口一批钢板 70 吨，在运输工程中，加以捆扎放于船的甲板上。进口报关单上的"件数"和"包装种类"两个栏目的正确填报应是(　　)。

A. 件数为 70；包装种类为"吨"　　B. 件数为 1；包装种类为"散装"
C. 件数为 1；包装种类为"裸装"　　D. 件数为 1；包装种类为"其他"

16. 我国某进出口公司从香港购进一批电视机，其中显像管为韩国生产，集成电路板由新加坡生产，其他零件均为马来西亚生产，最后由韩国组装成整机。该公司向海关申报进口该批电视机时，报关单原产国(地区)栏应填(　　)。

A. 日本　　B. 韩国　　C. 新加坡　　D. 马来西亚

17. 一张报关单上如有多种不同商品，应分别填报清楚，但一张纸质报关单上最多可打印(　　)项商品。

A. 3　　B. 4　　C. 5　　D. 6

18. 某企业经营单位编码为"312254××××"，则其所在市内经济区划是(　　)。

A. 保税区　　B. 物流园区　　C. 出口加工区　　D. 经济技术开发区

19. 某公司一次到货一批进口木材，分属甲(一般贸易合同)、乙(加工贸易合同)两个合同项下，清单简列如下。

(1) 胶合板，三种规格，合同甲，海运提单号：A01、A02、A03。

(2) 地板条，一种规格，合同甲，海运提单号：A04。

(3) 锯材，两种规格，合同乙，海运提单号：B01、B02。

(4) 薄板，两种规格，合同乙，海运提单号：B03、B04

该公司在向海关一次性申报进口时，应填报(　　)份报关单。

A. 1　　B. 2　　C. 4　　D. 8

20. 某外资企业委托某国营外贸公司购买进口投资设备及用作生产原料的钢材一批，货物由某物流公司承接进口运输相关事宜，并委托某报关公司向海关办理进口报关手续。该批钢材报关时，报关单上的经营单位应填报为(　　)。

A. 该外资企业　　B. 某国营外贸公司　　C. 某物流公司　　D. 某报关公司

21. 某外资企业公司在投资总额内委托某国营外贸公司购买进口投资设备及用作生产原料的钢材一批，货物由某物流公司承接进口运输相关事宜，并委托某报关公司向海关办理进口报关手续。该批投资设备报关时报关单经营单位应填报为(　　)。

A. 该外资企业　　B. 某国营外贸公司　　C. 某物流公司　　D. 某报关公司

22. 根据经营单位编码规则，编码第6位为“6”表示该企业的经济类型为(　　)。

A. 外商独资企业　　B. 有进出口经营权的国有企业

C. 有进出口经营权的私营企业　　D. 有进出口经营权的个体工商户

二、多项选择题

1. 某公司从日本进口联合收割机10台，同时进口部分附件，分装30箱装运进口，发票注明每台单价为CIF Shanghai USD 22 400，总价为USD 224 000，附件不另计价。进口货物报关单中以下栏目正确填报的有(　　)。

A. 成交方式：水路运输　　B. 件数：30

C. 贸易方式：CIF　　D. 单价：22 400

2. 下列(　　)类型的单位可以作为经营单位进行填报。

A. 对外签订合同但并非执行合同的单位

B. 非对外签订合同但具体执行合同的单位

C. 委托外贸公司对外签订进口投资设备合同的外商投资企业

D. 援助、赠送、捐赠的货物，“经营单位”栏填报直接接收货物的单位的中文名称及编码

3. 某合资企业从英国进口一批作为投资的机器设备，该企业委托A进出口公司对外签订进口合同，并代办进口手续。A公司与外商订货后，随即委托B公司具体办理货物运输事宜，同时委托C报关公司负责办理进口报关手续。根据这种情况，请指出下列出现在报关单栏目内的单位错误的有(　　)。

A. 经营单位：A进出口公司　　B. 收货单位：某合资企业

C. 经营单位：B公司　　D. 收货单位：A进出口公司

4. 下列进口贸易行为在填制报关单时属于一般贸易方式的有(　　)。

A. 进料加工贸易中，对方有价或免费提供的机器设备

B. 货款援助的进出口货物

C. 外商投资企业进口供加工内销产品的料件

D. 来料养殖、来料种植进出口货物

5. 下列叙述正确的有(　　)。

A. 件数栏目：裸装货物填报为1

B. 毛重栏：计量单位为千克，不足1kg的填报为1

C. 0.3%的保险费率，币制是美元，填报为502/0.3/1

D. 应计入完税价格的502英镑杂费，总价在报关单杂费栏中填报为303/502/3

6. 以下(　　)单证或文件应填入随附单据栏内。

A. 合同　　B. 许可证　　C. 通关单　　D. 自动进口许可证

7. 在填报报关单“总价”项目时，下列叙述正确的有(　　)。

A. 总价填报同一项号下进出口货物实际成交的商品总价

B. 总价如非整数，其小数点后保留第 4 位，第 5 位及以后略去

C. 无实际成交价格，可以免予填报

D. 某公司进口数码相机 1000 台，单价为 300 美元，则总价栏目应该填写“502/300000/3”

8. 下列关于进出口货物报关单填制要求的表述，正确的有（　　）。

A. 同一批货物中贸易方式不同的商品，应分单填报

B. 同一批货物中商品编码不同的商品，应分项填报

C. 同一种商品成交计量单位与海关法定计量单位不一致的，应分行填报

D. 同一批货物中征免性质不同的商品，应分单填报

9. 下列说法正确的有（　　）。

A. 一份报关单只允许填报一个运输工具名称　B. 一份报关单只允许填报一个提运单号

C. 一份报关单只允许填报一种贸易方式　D. 一份报关单只允许填报一个集装箱号

10. 下列进口或者出口的货物，申报时应当在报关单“贸易方式”栏填报“一般贸易”的有（　　）。

A. 外商独资企业在投资总额内进口的设备、物品

B. 外商投资企业进口供加工内销产品的料件

C. 外商投资企业用国产原材料加工成品出口

D. 国有公益性收藏单位通过合法途径从境外购入的藏品

11. 报关单“征免性质”栏应填写为“其他法定”的有（　　）。

A. 因故退还的境外进口货物

B. 起卸后海关放行前，因不可抗力遭受损坏的货物

C. 非按全额货值征免的进口货物

D. 我国参加的国际条约减征、免征关税的货物、物品

12. 同一批进口货物，涉及（　　）的应分单位填报。

A. 多个商品编号　B. 多份提单　C. 多个合同　D. 多份原产地证书

13. 同一批进口货物，下列（　　）情形下应分项填报。

A. 商品编号不同　B. 运输工具不同　C. 征免不同　D. 贸易方式不同

三、判断题

1. 某化工进出口公司下属某厂以进料加工贸易方式进口原料一批，经海运抵港后，进口报关单的“备案号”栏应填报为该货物的《进料加工登记手册》编号。（　　）

2. 同一张报关单上不允许填写不同海关统计商品编号的货物。（　　）

3. 报关单上的“收货单位”应为进口货物在境内的最终消费、使用的单位名称，“发货单位”应为出口货物在境内的生产或销售的单位名称。（　　）

4. 一份报关单可以允许填报多个许可证号。（　　）

5. 报关单上“商品名称、规格型号”栏目，正确的填写应有中文商品名称、规格、型号、商品的英文名称和品牌，缺一不可。（　　）

6. 北京煤炭进出口总公司（011091××××）对巴基斯坦签约出口“水洗炼焦煤”10 万吨，由唐山煤炭分公司（043091××××）执行合同，组织货源，并安排进出口。在这一情况下，报关单“经营单位”栏目应填报为：北京煤炭进出口总公司 011091×××××。（　　）

7. 经营单位编码的第六位数为“1”，表示该企业的经济类型为“有进出口经营权的集体企业”。（　　）

8. 海关规定，在进出口货物报关单填制中，经营单位编码第 6 位数为“8”的单位不得作为经营单位填报。（　　）

9. 保税仓库进口供应给中国籍国际航行运输工具使用的燃料、物料，该批燃料、物料进口时报关单的贸易方式应填报为“一般贸易”。（　　）

10. 进出口货物报关单“数量及单位”栏必须按海关法定计量单位和成交计量单位填报。成交计量单位与法定计量单位不一致的，须填报与海关法定计量转换后的单位及数量，同时还须填报成交计量单位及数量。（ ）

11. 报关单上的“杂费”指成交价格以外的、应计入完税价格或从完税价格中扣除的费用，如手续、佣金、回扣等。（ ）

12. 进出口货物报关单是海关对进出口货物进行监管、征税、统计和开展稽查、调查的重要依据，是加工贸易进出口货物核销、出口货物退税和外汇管理的重要凭证，也是查处进出口货物走私、违规的重要的书面依据。（ ）

13. 出口货物报关单的“出口退税证明联”是海关对已办理出口申报的货物所签发的证明文件。（ ）

14. 某仪器进出口公司从日本购得分属三个合同的同样规格、不同数量的精密仪器，并由同一艘船同时运达。这些货物品种单一且数量不大，申报时可用一份进口货物报关单，准确、真实、齐全地向海关填报。（ ）

四、实务操作题

（一）根据以下资料，结合具体的情境，完成此票进口货物报关单的填制。

资料1：沈阳沈港电器产业有限公司（2101930×××）委托辽宁外贸集团公司（21029100××）进口货物，用于生产空调设备供应国内市场。该船于2013年3月28日由大连外轮代理公司（21029801××）申报进境，于船舶进口次日委托大连连孚物流有限公司（2102980×××）向海关申报。

保险费：USD 500.00。

法定计量单位：千克。

资料2：商业发票（见图1-1）。

INVOICE

<table>
<tr><td colspan="3" rowspan="3">For Account and Risk of Messvs
LIAONING FOREIGN TRADE GROUP CORP.
DALIAN,116001 CHINA
TEL：0086-0411-86432415</td><td colspan="2">Invoice No.
LF-02-0110</td><td>Date
JAN. 10,2013</td></tr>
<tr><td colspan="2">L/C No.
LC212020098
Issued by
COMMUNICATION BANK OF CHINA,
LIAONING BRANCH</td><td>Date
DEC. 19,2012</td></tr>
<tr><td colspan="3">Reference No.
CONTRACT NO. LNLF011201HK</td></tr>
<tr><td colspan="2">Shipped per
BIBI
From
SAN FRANCISCO,USA</td><td colspan="2">Voy. No.
018
Via
YOKOHAMA,JAPAN</td><td colspan="2">Sailing on or about
JAN. 20,2013
To
DALIAN,CHINA</td></tr>
<tr><td>Marks & Nos.</td><td colspan="4">Descriptions</td><td>Quantity</td></tr>
<tr><td>LNLF011201HK
DALIAN
SPEC SIZE
N/WT. G/WT.
C/NO:1-60
#UNITED</td><td colspan="4">COLD ROLLED STEEL SHEETS
SPECIFICATION AND CONDITIONS AS BELOW
MANUFACTURER：
UNITED METALS INDUSTRY LTD. ,UNITED STATES
PACKING：STEEL PACKING
SIZE：0.5×1000×200CM</td><td>12 000SHEETS
105.1234M/T</td></tr>
</table>

图1-1 商业发票

CFR DALIAN IN USD PRICE(PER M/T OF ACTUAL NET WEIGHT)：500.00 SUB-SUB TOTAL：52561.70 FREIGHT(PER M/T OF ACTUAL NET WEIGHT)：20.00 SUB TOTAL：54664.17 PACKING CHARGES INCLUDED：200.00 LESS 10% OF DISCOUNT：5486.42 TOTAL AMOUNT：54864.17 90% OF INVOICE VALUE：49377.75 **LUKFUD CO.,LTD.,HONGKONG** (SIGNATURE)

图 1-1(续)

资料 3：装箱单(见图 1-2)。

PACKING LIST

For Account and Risk of Messvs LIAONING FOREIGN TRADE GROUP COR. DALIAN,116001 CHINA TEL：0086-0411-86432415	Invoice No. LF-02-0110	Date JAN.10,2013	Marks & Nos. LNLF011201HK DALIAN SPEC SIZE N/WT. G/WT. C/NO：1-60 #UNITED
	Bill of Lading No. SYU-3129 Shipped per BIBI Voy. No. 018 From SAN FRANCISCO,USA Via YOKOHAMA,JAPAN To DALIAN,CHINA Sailing on or about JAN.20,2013		
Descriptions： COLD ROLLED STEEL SHEETSSPECIFICATION AND CONDITIONS AS BELOW MANUFACTURER： UNITED METALS INDUSTRY LTD.,UNITED STATES PACKING:STEEL PACKING SIZE：0.5×1000×200CM CONTRACT NO.：LNLF011201HK SAY TOTAL:3 CONTAINERS OF YMLU4456789(20×8×8)/YMLU4287396(20×8×8)/TOLU3578658(40×8×8)			

PKG NO.	NOS. OF PKG	CONTENTS	N/WEIGHT	G/WEIGHT
1-60	60 PKG	12 000SHEETS	105.1234M/T	110.438M/T
TOTAL：	60 PKG	12 000SHEETS	105.1234M/T	110.438M/T

图 1-2 装箱单

(二) 根据以下资料，从标号 A～T 的 20 个已填栏目中查找出 5 个填制错误的栏目。

资料 1：发票(见图 1-3)。

中 韩 合 资 大连海天服装有限公司 DALIAN HAITIAN GARMENT CO.,LTD.		
COMMERCIAL INVOICE		
For Account & Risk of Messrs WAN DO APPAREL CO. LTD. 550-17,YANGCHUN-GU,SEOUL,KOREA	**Invoice No.**	HT01A08
	S/C No.	

图 1-3 商业发票

Notify Party SAME AS ABOVE			Payment	D/A
			B/L NO.	DAINE431227
Port of Loading	DALIAN,CHINA		Date	
Final Destination	INCHON, KOREA		Carrier	DAIN V.431E

Marks & No. of PKGS	Description	Quantity/Unit	Unit Price	Amount
			FOB DALIAN	
TTL：260CTNS	LADY'S JUMPER MAN'S JUMPER	1300 PCS 1300 PCS	@＄11.00 @＄11.00	USD14,300.00 USD14,300.00
	TOTAL：			USD28,600.00
				Signed by：________

图 1-3(续)

资料 2：装箱单(见图 1-4)。

中韩合资 大连海天服装有限公司 DALIAN HAITIAN GARMENT CO. ，LTD.					
PACKING LIST					
For Account & Risk of Messrs WAN DO APPAREL CO. LTD. 550-17,YANGCHUN-GU,SEOUL,KOREA			Invoice No.	HT01A08	
			S/C No.		
Notify Party SAME AS ABOVE			Payment	D/A	
			B/L NO.	DAINE431227	
Port of Loading	DALIAN,CHINA		Date		
Final Destination	INCHON, KOREA		Carrier	DAIN V.431E	
Marks & No. of PKGS	Description	Quantity	Net Weight	Gross Weight	Measurement
1×20′CONTAINER NO.：EASU9608490	LADY'S JUMPER MAN'S JUMPER	1300 PCS 1300 PCS	1,300KGS 1,300KGS	1,690KGS 1,690KGS	14CBM 14CB
	TOTAL：	260CTNS (2,600PCS)	2600KGS	3380KGS	M28CBM
					Signed by：________

图 1-4 装箱单

资料 3：

大连海天服装有限公司海关注册编号：2115930064

该公司在来料加工合同 991113 项下出口男、女羽绒短上衣

分列手册(编号 B09009301018)第 2、3 项

外汇核销单号：215157263

计量单位：件/千克

已填制的报关单如图 1-5 所示。

中华人民共和国海关出口货物报关单

预录入编号：　　　　　　　　　　　　　　　　　　　　海关编号：

出口口岸	(A)备案号	出口日期	申报日期

(B)经营单位 大连海天服装有限公司	运输方式	(C)运输工具名称 DAIN/431E	(D)提运单号 DAINE431227

发货单位	(E)贸易方式 来料加工	(F)征免性质 来料加工	(G)结汇方式 L/C

许可证号	运抵国(地区)	指运港	境内货源地

(H)批准文号	(I)成交方式 FOB	运费	保费	杂费

(J)合同协议号	(K)件数	(L)包装种类 纸箱	(M)毛重(千克)	(N)净重(千克)

(O)集装箱号 EASU9608490	随附单据	生产厂家

标记唛码及备注

项号 (P)	商品编号	商品名称、规格型号 (Q)	数量及单位	最终目的国(地区) (R)	单价	总价	币制 (S)	征免 (T)
01 02		羽绒短上衣		韩国			美元	全免

税费征收情况

录入员　录入单位	兹声明以上申报无讹并承担法律责任	海关审单批注及放行日期(签章)
		审单　　　　审价
报关员		
单位地址	申报单位(签章)	征税　　　　统计
邮编　　　　电话	填制日期	查验　　　　放行

图 1-5　出口货物报关单

第七章

与报关工作相关的法律制度

一、 单项选择题

1. 海关统计是海关依法对(　　)的统计，是国民经济统计的组成部分。

A. 进出口货物贸易　　B. 进出口技术贸易

C. 进出口服务贸易　　D. 以上三者

2. 进出口货物的海关统计价格按照(　　)进行统计。

A. 人民币　　B. 美元

C. 美元和人民币　　D. 美元、港币和人民币

3. 被稽查人应当自收到稽查报告之日起(　　)日内，将书面意见送交海关。海关应当自收到稽查报告之日起(　　)日内，做出海关稽查结论。

A. 7;15　　B. 15;15　　C. 15;30　　D. 7;30

4. 下列货物不列入海关统计的是(　　)。

A. 一般贸易进出口货物　　B. 加工贸易进出口货物

C. 租赁期在1年及以上的租赁进出口货物　　D. 无代价抵偿货物

5. 海关稽查具有特定的期限，即必须在法定的期限内，对与进出口有关的企业实施才具有法律效力，下列有关稽查期限的表述错误的是(　　)。

A. 对于易货交易进出口货物，海关的稽查期限是海关监管期限及其后的3年内

B. 对于来料加工的料件，海关的稽查期限是海关监管期限及其后的3年内

C. 对于外商投资企业在投资总额内进口的自用设备，海关的稽查期限是海关监管期限及其后的3年内

D. 对于从美国进口在北京参加展会的展览品，海关的稽查期限是海关监管期限及其后的3年内

6.《海关事务担保条例》主要规定了4种情形下的海关事务担保。进出口货物的纳税义务人在规定的纳税期限内有明显的转移、藏匿其应税货物及其他财产迹象的，海关可以责令纳税义务人提供担保。此担保行为属于海关事务担保的(　　)情形。

A. 当事人申请提前放行货物的担保　　B. 当事人申请办理特定海关业务的担保

C. 税收保全担保　　D. 免予扣留财产的担保

7. 担保人可以以(　　)向海关提供担保。

A. 汇票、本票或者支票　　B. 各种外币

C. 政府主管部门的保函　　D. 中国人民银行的保函

8. 根据海关事务担保法律制度中有关以银行或者非银行金融机构出具的保函提供担保的规定，下列选项中表述正确的是(　　)。

A. 保函属于人的担保范畴

B. 保函是以具体的财产为他人的债务提供担保

C. 出具保函的保证人可以是第三人，也可以是海关管理相对人

D. 中国人民银行属于担保银行

9. 根据海关事务担保法律制度中有关以保函提供担保的规定，当某进出口公司就货物出口向海关申报时，不能及时提供有关商业单据，却又亟待提取货物，经海关批准可以(　　)提供担保。

A. 该进出口公司以自身名义出具保函

B. 该进出口公司开户的某商业银行出具的保函

C. 承运该进出口公司进口货物的国际货运企业出具的保函

D. 该进出口公司所属的行业协会出具的保函

10. 根据担保业务性质的不同，海关依法收取的担保资金分为保证金、风险保证金和抵押金3种。下列选项中属于风险担保金的是(　　)。

A. 对实施联网监管的加工贸易企业收取的担保资金

B. 对无法或者不变扣留的货物、物品或者运输工具收取的担保资金

C. 海关尚未确定商品归类、完税价格等征税要件而收取的担保资金

D. 对缉私、稽查查获的执行风险较大的追征补征税款情事的

11. 对当事人在担保期内履行纳税义务的，海关应当书面通知当事人办理担保财产、权利的退还手续。自退还通知书送达之日起(　　)内，当事人无正当理由未办理退还手续的，海关应当发布公告。自海关公告发布之日起(　　)内，当事人仍未办理退还手续的，海关应当将担保财产、权利依法变卖或者兑付后，上缴国库。

A. 1个月;1年　　B. 60天;90天

C. 3个月;1年　　D. 60个工作日;90个工作日

12. 关于知识产权海关保护备案，海关总署应当自收到申请人全部文件之日起(　　)内做出是否准备备案的决定。

A. 20天　　B. 30天　　C. 20个工作日　　D. 30个工作日

13. 在知识产权有效的前提下，知识产权权利人可以在知识产权海关保护备案有效期届满前(　　)向海关总署申请续展备案，每次续展备案的有效期为(　　)。

A. 30天;8年　　B. 60天;10年　　C. 6个月内;10年　　D. 3个月内;8年

14. 海关对扣留的侵权嫌疑货物进行调查，不能认定货物是否侵犯有关知识产权的，应当自扣留侵权嫌疑货物之日起(　　)个工作日内书面通知知识产权权利人和收发货人。

A. 5　　B. 10　　C. 20　　D. 30

15. 知识产权权利人就有关专利侵权纠纷向人民法院起诉的，应当在海关放行货物的书面通知送达之日起(　　)个工作日内向海关提交人民法院受理案件通知书的复印件。

A. 10　　B. 20　　C. 30　　D. 50

16. 知识产权权利人根据规定请求海关扣留涉嫌侵犯(　　)货物的，可以向海关总署提供总担保。

A. 商标专用权　　B. 著作权

C. 与著作权有关的权利　　D. 专利权

17. 某知识产权权利人接到海关发现知识产权侵权嫌疑货物(货值人民币40万元)的书面通知，请求海关扣留侵权嫌疑货物的，应向海关提供人民币(　　)万元的担保。

A. 2　　B. 10　　C. 20　　D. 40

18. 有关知识产权的未在海关总署备案，知识产权权利人发现侵权嫌疑货物(货值人民币30万元)即将进出口，可向进出境地海关提出扣留侵权限制货物的申请，应在海关规定的期限内向海关提供(　　)万元的担保。

A. 2　　B. 10　　C. 20　　D. 30

19. 知识产权海关保护制度中，请求扣留侵权嫌疑货物向海关提供的总担保函的有效期是指作为担保人的银行承担履行担保责任的期间，即总担保函签发之日起至(　　)。

A. 当年 12 月 31 日　　B. 第二年 6 月 30 日
C. 当年 6 月 30 日　　D. 第二年 12 月 31 日

20. 在海关行政许可过程中，除当场做出海关行政许可决定的外，海关应当受理海关行政许可申请之日起(　　)内做出的决定。特殊情况经审批，可以延长(　　)。

A. 5 日;5 日　　B. 20 日;10 日　　C. 3 个月;10 日　　D. 30 日;15 日

21. 根据《海关行政处罚实施条例》的规定，海关对公民处(　　)万元以上罚款、对法人或者其他组织处(　　)万元以上罚款，应当告知当事人有要求举行听证的权利。

A. 1;5　　B. 1;10　　C. 5;25　　D. 5;20

22. 在海关行政处罚案件中，应当事人要求举行听证的，听证的费用应当由(　　)承担。

A. 行业协会　　B. 当事人　　C. 纳税义务人　　D. 海关

23. 海关决定组织听证的，应当自收到听证申请之日起(　　)日以内举行听证，并在举行听证的(　　)日以前将听证通知书送达当事人；决定不予听证的，海关应当在收到听证申请之日起(　　)日内制作不予听证通知书并送达申请人。

A. 30;7;5　　B. 20;5;7　　C. 15;7;5　　D. 30;5;7

24. 公民、法人或其他组织认为海关的具体行政行为侵犯其合法的权益的，可以自知道该具体行政行为之日起(　　)日内向有管辖权的海关提出行政复议申请。行政复议机关不予受理的，申请人应当自收到不予受理决定书之日起或者行政复议期满之日起(　　)日内，向人民法院提起行政诉讼。

A. 30;10　　B. 60;15　　C. 20;5　　D. 60;7

25. 海关行政复议机关应当自受理申请之日起(　　)日内做出行政复议决定。有特殊情况经海关行政复议机关负责人批准，可以延长(　　)日。

A. 60;30　　B. 60;10　　C. 30;10　　D. 30;7

26. 申请海关行政裁定的，申请人应当在货物拟进口或出口的(　　)内向海关提出。

A. 1 个月　　B. 7 日　　C. 15 日　　D. 3 个月

27. 申请人申请行政裁定，申请资料不符合有关规定的，海关应当书面通知申请人在(　　)个工作日内补正。符合规定的，海关自接受申请之日起(　　)个工作日内移送海关总署或总署授权机构。海关总署或总署授权机构应当自收到申请书之日起(　　)个工作日内，审核决定是否受理该申请，并书面告知申请人。

A. 10;3;15　　B. 5;10;15　　C. 7;5;10　　D. 10;7;20

28. 海关对申请人的海关事务应当根据有关事实和材料，依据有关的法律、行政法规、规章进行审查并做出行政裁定。决定应当自受理申请之日起(　　)日内做出。

A. 60　　B. 30　　C. 20　　D. 15

29. 海关应当在受理申诉之日起(　　)日内做出处理决定，情况复杂的案件，经申诉审查部门负责人批准，可以适当延长，但延长期限最多不超过(　　)日。

A. 60;30　　B. 60;10　　C. 30;10　　D. 30;7

二、多项选择题

1. 下列选项中属于海关统计性质的有(　　)。
   A. 海关统计是国家进出口货物贸易统计
   B. 海关统计是国民经济统计的重要组成部分
   C. 海关统计是国家制定对外贸易政策、进行宏观调控的重要依据
   D. 海关统计是研究我国对外贸易发展和国际经济贸易关系的重要资料

2. 下列关于海关统计的说法正确的有(　　)。
   A. 实际进出境并引起境内物质存量增加或者减少的货物，列入海关统计
   B. 进出境物品超过自用、合理数量的，列入海关统计

C. 过境、转运和通运货物，列入海关统计
D. 暂时进出口货物，列入海关统计

3. 下列选项中不列入海关统计的有（　　）。
A. 从保税仓库转至出口加工区的货物
B. 货币及货币用黄金
C. 租赁期 1 年以下的租赁进出口货物
D. 边境小额贸易货物

4. 下列选项中不列入海关统计的有（　　）。
A. 退运货物
B. 修理物品
C. 暂时进出口货物
D. 无商业价值的货样或广告品

5. 不列入海关统计但实施单项统计的货物包括（　　）。
A. 退运货物
B. 免税品
C. 进料加工贸易进口料件
D. 加工贸易结转设备

6. 下列进出口货物列入海关统计的有（　　）。
A. 退运货物
B. 租赁期 1 年及以上的租赁进出口货物
C. 保税区进出境货物
D. 补偿贸易货物

7. 下列关于海关统计价格的说法正确的有（　　）。
A. 进口货物的价格，按照货价、货物运抵中华人民共和国境内输入地点起卸前的运输及其相关费用、保险费之和统计
B. 出口货物的价格，按照货价、货物运抵中华人民共和国境内输出地点装卸前的运输及其相关费用、保险费之和统计，其中包含的出口关税税额，无须扣除
C. 我国海关统计价值的货币，分别以人民币和美元统计
D. 进出口货物的价格以欧元货币计价的，应当分别按照外汇牌价，折算成美元值和人民币值，进行统计

8. 下列关于海关统计关别的说法正确的有（　　）。
A. 海关统计关别由接受申报的海关进行统计
B. 进口转关运输货物由进境地海关进行统计
C. 出口转关运输货物由出境地海关进行统计
D. 进出海关特殊区域的货物由特殊区域所在地海关进行统计

9. 下列关于海关稽查的说法正确的有（　　）。
A. 海关实施稽查 3 日前，应当将“稽查通知书”送达被稽查人的法定代表人或者主要负责人或者指定的代表人
B. 特殊情况，经海关关长批准，可以不经事先通知进行稽查，径行稽查时不需制发“稽查通知书”
C. 稽查组的成员不少于 2 人
D. 进行稽查时，海关工作人员与被稽查人有直接利害关系的应当回避

10. 被稽查人有下列（　　）行为的，海关责令限期改正，逾期不改的，海关处 1 万元以上 3 万元以下的罚款。
A. 拒绝、拖延向海关提供账簿、单证有关资料的
B. 未按规定设置或编制账簿、单证有关资料的
C. 向海关提供虚假情况或者隐瞒重要事实的
D. 转移、隐匿、篡改、毁弃账簿、单证等有关资料的

11. 海关依法可以实施稽查的对象包括（　　）。
A. 报关员
B. 从事对外加工贸易的企业
C. 从事报关业务的企业
D. 使用减免税进口货物的企业

12. 当事人连续 2 年同时具备（　　）条件，可以向直属海关申请免除担保，并按照海关规定办理有关

手续。

A. 通过海关验证稽查

B. 年度进出口报关差错率在3%以下

C. 没有拖欠应纳税款，没有受到海关行政处罚，在相关行政管理部门无不良记录

D. 没有被追究刑事责任

13. 当事人在一定期限内多次办理同一类海关事务的，可以向海关申请提供总担保，可申请总担保的情形包括（　　）。

A. ATA单证册项下暂准出口货物，由中国国际商会统一向海关总署提供总担保

B. 知识产权权利人根据规定请求海关扣留涉嫌侵犯商标专用权货物的，可以向海关总署提供总担保

C. 知识产权权利人根据规定请求海关扣留涉嫌侵犯专利权货物的，可以向海关总署提供总担保

D. 由银行对纳税义务人在一定时期内通过网上支付方式申请缴纳的进出口税费提供总担保

14. 违法嫌疑的货物、物品、运输工具（　　），海关不予办理担保。

A. 应当或者已经被海关依法扣留、封存的　　B. 属于禁止进出境的

C. 属于必须以原物作为证据的　　D. 属于依法应当予以没收的

15. 下列（　　）情形下，当事人可以在办结海关手续前向海关申请提供担保，要求提前放行货物。

A. 进出口货物的商品归类、完税价格、原产地尚未确定的

B. 某外贸企业在尚未办妥许可证申领手续的情况下，货物已运抵口岸，亟待提取货物

C. 在纳税期限内税款尚未缴纳的

D. 滞报金尚未缴纳的

16. 当事人申请办理下列（　　）特定海关业务时，按照海关规定提供担保。

A. 俄罗斯某艺术团来华进行文艺演出而暂时运进器材、道具、服装等

B. 租赁货物进口的

C. 将海关监管货物向金融机构抵押的

D. 某有进出口经营权的生产企业进口的化工原料卸货后，因口岸无专用仓库，收货人要求海关允许将该批未放行的货物暂时存放于海关监管区外的仓库

17. 担保人可以以（　　）向海关提供担保。

A. 人民币　　B. 可自由兑换的货币

C. 汇票、本票、支票、债券　　D. 中国人民银行的保函

18. 海关事务担保中，保证金适用于（　　）。

A. 海关尚未确定商品归类、完税价格、原产地、进口货物物品数量等征税要件的

B. 正在海关办理减免税审批手续的

C. 申请延期缴纳税款的

D. 暂时进出境的

19. 海关事务担保中，抵押金适用于（　　）。

A. 租赁进出口货物收取的担保资金

B. 对涉及知识产权保护的抵押金

C. 对不便扣留的货物、物品、运输工具收取的抵押金

D. 对进境修理和出境加工收取的担保资金

20. 当事人提供的担保应与其需要履行的法律义务相当，下列关于担保金额的表述正确的有（　　）。

A. 为提前放行货物提供的担保，担保金额不得超过可能承担的最高税款总额

B. 为办理特定海关业务提供的担保，担保金额不得超过可能承担的最高税款总额或者海关总署规定的金额

C. 因有明显的转移、藏匿应税货物及其他财产迹象被责令提供的担保，担保金额不得超过可能承担的最高税款总额

D. 为有关货物、物品、运输工具免予或者解除扣留、封存提供的担保，担保金额不得超过该货物、物品、运输工具的 2 倍的价款

21. 我国与进出口货物有关并受中华人民共和国法律、行政法规保护的知识产权包括(　　)。

A. 商标专用权、著作权　　B. 与著作权有关的权利

C. 专利权　　D. 奥林匹克标志专有权、世界博览会标志专有权

22. 关于知识产权海关保护备案与申请扣留侵权嫌疑货物两者之间的关系，下列表述错误的有(　　)。

A. 只有办理了知识产权海关保护备案的权利人才有权申请扣留侵权嫌疑货物

B. 没有办理知识产权海关保护备案的权利人申请扣留争权嫌疑货物，必须补办备案

C. 海关发现侵犯备案知识产权的嫌疑货物，即使权利人不提出申请，海关也予以扣留

D. 没办理知识产权海关保护备案的权利人，按规定申请扣留嫌疑货物的，应向海关提供相当于货物价值的担保

23. 知识产权权利人接到海关发现侵权嫌疑货物通知请求扣留货物，下列表述正确的有(　　)。

A. 货物价值超过人民币 20 万元的，提供人民币 20 万元的担保

B. 如果货物价值不足人民币 2 万元的，提供相当于货物价值的担保

C. 货物价值为人民币 2 万元至 20 万元的，提供相当于货物价值 50％的担保，但担保金额不得少于人民币 2 万元

D. 货物价值为人民币 10 万元，应提供的担保为 5 万元

24. 对于被扣留的侵权嫌疑货物，海关经调查后认定侵犯知识产权的，予以没收。对于侵权货物没收后的处理，下列说法正确的有(　　)。

A. 被没收的侵犯知识产权货物可以用于社会公益事业的，海关应当转交给有关公益机构用于社会公益事业

B. 知识产权权利人有收购意愿的，海关可以将没收的侵权货物有偿转让给知识产权权利人

C. 被没收的侵犯知识产权货物无法用于社会公益事业且知识产权权利人无收购意愿的，海关可以在消除侵权特征后依法拍卖

D. 没收货物侵权特征无法消除的，海关应当予以销毁

25. 下列选项中，(　　)属于海关行政许可的范围。

A. 进出口公司的设立审批　　B. 免税商店的设立审批

C. 海关监管货物仓储审批　　D. 进出口货物免验审批

26. 下列选项中，(　　)属于海关行政许可的范围。

A. 出口监管仓库、保税仓库设立审批

B. 保税区、保税港区、保税物流园区设立审批

C. 报关单修改、撤销审批

D. 进境货物直接退运核准

27. 下列选项中，(　　)属于海关行政许可的范围。

A. 加工贸易备案　　B. 进出口货物免验审批

C. 暂时进出口货物的核准　　D. 进出境运输工具改营境内运输审批

28. 违反《中华人民共和国海关法》及有关法律、行政法规，逃避海关监管、偷逃应纳税款、逃避国家有关进出境的禁止性或者限制性管理，有下列情形之一的，是走私行为(　　)。

A. 运输、携带、邮寄国家禁止或限制进出境货物、物品或者依法应当缴款税款的货物、物品进出境

B. 未经海关许可并且未缴纳应纳税款、交验有关许可证件，擅自将保税货物、特定减免税货物以及其他海关监管货物、物品、进境的境外运输工具，在境内销售的

C. 直接向走私人非法收购走私进口的货物、物品的

D. 运输、收购、贩卖依法应当缴纳税款的货物，没有合法证明的

29. 关于海关的管辖权，下列说法正确的有(　　)。

A. 海关行政处罚由发现违法行为的海关管辖，也可以由违法行为发生地海关管辖

B. 2个以上海关都有管辖权的案件，由最先发现违法行为的海关管辖

C. 管辖不明确的案件，由有关海关协商确定管辖，协商不成的，报请共同的上级海关指定管辖

D. 重大、复杂的案件，可以由海关总署指定管辖

30. 海关行政处罚决定的做出，当事人如果逾期不履行行政处罚决定的，海关可以采取(　　)措施。

A. 到期不缴纳罚款的，每日按罚款数额的3%加以处罚

B. 海关可以变价抵缴或者以当事人提供的担保抵缴

C. 申请人民法院强制执行

D. 扣留纳税义务人价值相当于应纳税款的货物或者其他财产

31. 下列属于对海关具体行政行为提出复议申请的范围的有(　　)。

A. 对海关做出的限制人身自由的行政强制措施不服的

B. 对海关做出的罚款、没收货物等行政处罚决定不服的

C. 违反要求管理相对人履行义务的海关具体行政行为

D. 认为海关违反收取滞报金等费用或者违法要求履行其他义务的

32. 关于海关行政复议，下列说法正确的有(　　)。

A. 公民、法人或其他组织认为海关的具体行政行为侵犯其合法的权益的，可以自知道该具体行政行为之日起30内向有管辖权的海关提出行政复议申请

B. 两个或两个以上的复议申请人对同一海关具体行政行为分别向海关复议机关申请复议的，海关复议机关可以并案审理，并以后一个申请复议的日期为正式受理的日期

C. 申请人已经向人民法院提起行政诉讼，人民法院已经依法受理的，再向海关复议机关申请行政复议的，海关复议机关应不予受理

D. 如果海关行政复议机关决定不予受理的，应当在5日内作不予受理的决定

33. 下列关于海关行政裁定的说法正确的有(　　)。

A. 申请人是在海关注册登记的进出口货物经营单位

B. 申请人应当在货物拟进口或出口的6个月前向海关总署或者直属海关提交书面申请

C. 一份申请只应包含一项海关事务

D. 申请人可以就同一项海关事务向两个海关提交行政裁定申请

34. 下列属于海关行政裁定范围的有(　　)。

A. 进出商品的归类

B. 进出口货物原产地的确定

C. 禁止进出口的措施和许可证件的适用

D. 海关总署决定可以适用行政裁定的其他海关事务

35. 下列属于海关行政许可事项的有(　　)。

A. 报关企业注册登记　　B. 报关员资格核准和注册登记

C. 暂时进出口货物的核准　　D. 保税仓库设立审批

36. 根据《中华人民共和国海关行政处罚实施条例》，下列选项所表述的情形中，属于“违反海关监督规定的行为”的有(　　)。

A. 进口货物的价格申报不实，并影响税款征收的

B. 违规存放海关监管货物的

C. 进口国家限制进口的货物，申报进口时未能提交许可证的

D. 以伪报数量的方式逃避海关监督，偷逃应纳税款，擅自将出口加工区加工贸易货物运往区外的

37. 海关行政处罚中的救济手段包括（　　）。

A. 行政申诉　　B. 行政申辩　　C. 行政复议　　D. 行政赔偿

38. 下列选项中适用走私行为的行政处罚形式有（　　）。

A. 没收违法所得

B. 暂停有关企业或者人员从事有关业务或者执业

C. 没收走私货物、物品

D. 对于未取得报关从业资格从事报关业务的予以取缔

39. 下列选项中适用违规行为的行政处罚形式有（　　）。

A. 没收走私货物、物品及违法所得　　B. 罚款

C. 警告　　D. 撤销海关注册登记

40. 既适用于走私行为，也适用于违规行为的行政处罚形式有（　　）。

A. 取消报关从业资格 B. 罚款　　C. 没收货物　　D. 撤销注册登记

41. 海关在做出（　　）决定之前，应当告知当事人有要求举行听证的权利。

A. 撤销海关注册登记　　B. 对法人处5万元罚款

C. 暂停报关执业　　D. 没收走私运输工具

42. 下列对走私行为的行政处罚的描述正确的有（　　）。

A. 专门用于走私的运输工具或者用于掩护走私的货物、物品应当予以没收

B. 2年内2次以上用于走私的运输工具或者用于掩护走私的货物、物品，应当予以没收

C. 使用特制设备、夹层、暗格实施走私的，应当从重处罚

D. 在海关注册的企业构成走私犯罪或者1年内有2次以上走私行为的，海关可以撤销其注册登记、取消其报关从业资格

三、判断题

1. 列入我国海关统计范围的货物必须同时具备跨越我国经济领土边界的物质商品流动、改变我国的物质资源存量两个条件。（　　）

2. 我国进口货物按海关结关的日期进行统计，出口货物按海关放行的日期进行统计。（　　）

3. 无商业价值的货样或广告品不列入海关统计。（　　）

4. 海关统计的原始资料是经海关确认的进出口货物报关单及其他有关单证。（　　）

5. 对于特定减免税货物，海关的稽查期限是自货物办结海关手续之日起3年内。（　　）

6. 国家对进出境货物、物品有限制性规定，应当提供许可证件而不能提供的，海关不予办理担保放行手续。（　　）

7. 广州某电器有限公司一般贸易进口国家限制进口的空调压缩机，已领取了进口配额证明，但进口许可证仍在申领中，企业由于生产急用，可以要求凭担保先提货。（　　）

8. 海关事务担保的“免除担保”的特别规范优先于“凭担保放行”的一般规范。（　　）

9. 中国人民银行不能为任何单位和个人提供担保。（　　）

10. 有违法嫌疑的货物、物品、运输工具无法扣留或者不便扣留的，当事人应当向海关提供等值的担保，未提供担保的，海关可以扣留当事人等值的其他财产。（　　）

11. 为罚款、违法所得或者依法应当追缴的货物、物品、走私运输工具的等值价款未缴清前出境提供的担保，担保金额应当相当于罚款、违法所得数额或者依法应当追缴的货物、物品、走私运输工具的等值价款。（　　）

12. 知识产权海关备案自海关总署核准备案之日起生效，有效期为10年，知识产权的有效期不足10年的，备案的有效期以知识产权的有效期为准。 （ ）

13. 知识产权权利人发现侵权嫌疑货物即将进出口，请求海关扣留侵权嫌疑货物的，应向海关提供相当于货物价值的担保。 （ ）

14. 知识产权权利人请求海关扣留侵权嫌疑货物后，海关不能认定被扣留的侵权嫌疑货物侵犯知识产权权利人的知识产权，或者人民法院判定不侵犯知识产权权利人的知识产权的，由于货物是海关扣留的，因此应当由海关承担赔偿责任。 （ ）

15. 经海关同意，知识产权权利人可以向海关提供总担保。总担保的金额相当于知识产权权利人上一年度向海关申请扣留侵权嫌疑货物后发生的仓储、保管和处置费用之和，此金额不足20万元的，总担保金额为人民币20万元。 （ ）

16. 知识产权海关保护制度中，请求扣留侵权嫌疑货物向海关提供的总担保函的担保事项发生期间为海关总署核准之日起至当年12月31日。 （ ）

17. 知识产权权利人发现侵权嫌疑货物即将进出口，可以向货物进出境地海关提出扣留侵权嫌疑货物的申请，并按规定提供相应的担保。 （ ）

18. 海关行政许可直接涉及行政许可申请人与他人之间重大利益关系，海关认为需要举行听证的，可以举行听证。 （ ）

19. 对进口假冒商标的货物，清除货物上的商标标志后，允许其进入商业渠道。 （ ）

20. 海关不能认定货物是否侵犯商标专用权的，收发货人向海关提供相当于货物价值的担保后，可以请求海关放行货物，海关应当放行并书面通知知识产权权利人。 （ ）

21. 知识产权权利人发现侵权嫌疑货物即将进出口，可向进出境地海关提出扣留侵权限制货物的申请，提交申请书及相关证明文件。有关知识产权未在海关总署备案的，知识产权权利人必须补办备案手续。 （ ）

22. 海关对侵权货物没收后，没收货物侵权特征无法消除的，有偿转交知识产权权利人自用。 （ ）

23. 海关接受知识产权保护备案和采取知识产权保护措施的申请后，因知识产权权利人未提供确切情况而未能发现侵权货物，未能及时采取保护措施或者采取保护措施不力的，由知识产权权利人自行承担责任。 （ ）

24. 海关协助人民法院扣押侵权嫌疑货物或者放行被扣留货物的，由海关支付货物在海关扣留期间的仓储、保管和处置等费用。 （ ）

25. 海关行政复议机关是做出具体行政行为的海关的上一级海关。对海关总署做出的具体行政行为不服的，应当向海关总署申请行政复议。 （ ）

26. 海关做出的行政裁定自公布之日起在中华人民共和国关境内统一适用，但海关行政裁定无溯及力。 （ ）

27. 海关同意行政处罚当事人延期或分期缴纳罚款的，执行完毕的期限自处罚决定书规定的履行期限届满之日起不得超过200日。 （ ）

28. 公民、法人或者其他组织认为海关的具体行政行为所依据的规定不合法，在对具体行政行为申请行政复议时可以一并向海关行政复议机关提出对该规定的审查申请。 （ ）

29. 根据海关行政处罚制度的规定，对当事人明知是走私进口的货物，直接向走私人非法收购，未构成犯罪的，应当按违反海关监管规定的行为论处。 （ ）

30. 行政处罚的当事人逾期不履行行政处罚决定的，海关可以每日按照罚款数额的3%加处罚款。 （ ）

31. 公民、法人或其他组织认为海关的具体行政行为侵犯其合法的权益的，可以自知道该具体行政行为之日起60日内向有管辖权的海关提出行政复议申请。可以书面申请，也可以口头申请。 （ ）

32. 公民、法人或者其他组织不服海关做出的具体行政行为但在法定期限内未申请行政复议或提起行

政诉讼，可向海关提出申诉请求。 （ ）

33. 公民、法人或者其他组织不服海关行政复议决定但在法定期限内未提起行政诉讼的，不能向海关提出行政申诉请求。 （ ）

34. 与走私人通谋为走私人提供贷款、资金、账号、发票、证明、海关单证的，与走私人通谋为走私人提供走私货物、物品的提取、发运、运输、保管、邮寄或者其他方便的，以走私的共同当事人论处。 （ ）

35. 行为人在内地运输、收购、贩卖国家禁止或者限制进出境的货物、物品，或者运输、收购、贩卖依法应当缴纳税款的货物，按走私论处。 （ ）

36. 向海关申请申诉的，申诉人只能向做出原具体行政行为或者复议决定的海关的上一级海关提出申诉，对海关总署做出的具体行政行为不服的，应当向海关总署提出申诉。 （ ）

四、 案例分析题

（一）福州一家台资企业专门负责办理公司进出口贸易的有关业务手续的业务员说，由于公司业务的原因，他经常与海关打交道，诸如申请报税手册，办理料件进口，报关成品出口，公司进口设备、配件等。在办理业务过程中常常会遇到对海关的规定不理解，对海关采取的管理、处理措施有异议的情况。

问题：

（1）如出现对海关采取的措施不理解、有异议等情况，如何使纠纷得到解决？

（2）哪种渠道可以更便捷地解决问题？

（二）2012 年 5 月，厦门市立昂经贸发展有限公司委托厦门元璧国际货物运输代理有限公司以一般贸易方式向厦门海关申报出口沙发 450 个。经厦门海关查验，实际货物是品牌为“REGAL”的香烟 756 箱、塑料椅 50 箱，申报内容与实际货物完全不符。

2013 年 2 月，厦门海关对其做出行政处罚决定，对厦门市立昂经贸发展有限公司罚款人民币 80 万元。厦门市立昂经贸发展有限公司认为，其申报不实的情况事出有因，没有主观上的故意和过失，对海关的行政处罚决定有异议。

问题：

（1）该公司应当通过什么渠道提出其异议？

（2）该公司具体应当向哪一级机关提出异议审理的请求？

（三）根据材料回答问题。

申请人：某市丰翔电子有限公司

被申请人：某海关

申请人因对被申请人不予接受申请人抵押担保的申请的具体行政行为不服，特申请复议。

申请人于 2014 年 5 月在某海关申报进口电子元器件，因急于向客户交付货物，所以申请人向海关申请先行放行货物，海关要求其提供与货物税款相应的人民币 103 万元的保证金或银行保函。申请人以资金周转困难和银行不为其出具保函为由，拒绝提供保证金和保函，并于次日拿着公司的房产证到海关要求以公司房产进行抵押担保。被申请人以担保方式不合适拒绝接受申请人的担保申请。

问题：被申请人是否有权拒绝接受申请人的抵押担保方式？

第二篇

答案与解析

第一章 报关与海关管理习题与实训解析

一、单项选择题

1. B **解析**：注意掌握报关的概念及报关管理机关。

2. A 3. C 4. D 5. D 6. C 7. B 8. A 9. D 10. B 11. C

12. A **解析**：国家实行联合缉私、统一处理、综合治理的缉私体制。除海关外，公安、工商、税务、烟草专卖等部门也有查缉走私的权力，但是这些部门查获的走私案件，应当给予行政处罚的，要移送给海关依法处理。

13. C 14. D

15. D **解析**：规范性文件不得设定对行政管理相对人的行政处罚。规范性文件是以公告的形式对外发布的，因此海关公告（包括海关总署公告、直属海关公告）都不能设定对管理相对人的处罚。

16. C

17. D **解析**：选项A、B、C都属于报关单位。选项D中，开展保税加工业务，不办理报关业务时，不是报关单位。

18. D

19. C **解析**：进出口货物收发货人只能为本单位进出口货物报关。

20. D **解析**：报关专用章要在海关备案，而且每一口岸或者海关监管业务集中地报关专用章应当只有1枚。

21. B 22. C 23. D

二、多项选择题

1. ABCD **解析**：应掌握报关的对象和范围，范围主要包括：一般进出口货物；保税货物；暂时（准）进出口货物；特定减免税货物；过境、转运和通运及其他进出口货物。另外，一些特殊货物，如电缆、管道输送进出境的水、电等，也属报关对象。

2. ABCD 3. ABCD 4. AC

5. ACD **解析**：进出口货物报关经海关批准，可在设有海关的进口货物的指运地或出口货物的起运地办理报关。

6. ABC **解析**：报关单位分为收发货人和报关企业两种。报关企业又分为两种：一类是国际货物运输代理企业（即货代公司）；另一类是报关行（即报关公司）。选项D中，以报关公司的名义报关属于间接代理，间接代理只适用于经营快件业务的国际货物运输代理企业。间接代理不适用报关行（即报关公司）。因此，进出口货物收发货人不能委托报关公司以报关公司名义代理报关。

7. ABCD 8. CD

9. ABD **解析**：A选项检查进出境运输工具不受监管区域的限制。选项B检查有藏匿走私货物嫌疑的场所，在两区内直接检查；在两区外调查走私案件时，经关长批准才能检查，但是不能检查公民住处。选项D中，检查走私嫌疑人的身体应在两区内进行。检查走私嫌疑人的住处是公安机关的权力，不是海关的权力。

10. ABCD

11. AC　**解析**：选项B应为“海关是国家进出关境的监督管理机关”。海关是国家的行政机关，而不是司法机关，所以D选项错误。

12. ABCD　　13. ABC　　14. ABCD

15. AB　**解析**：选项C和D有可能会设有海关，但是不是海关的设关原则。

16. ABD

17. ACD　**解析**：B选项属于海关的查问权。

18. ABC　**解析**：我国海关法律体系根据制定的主体和效力的不同，分为法律、行政法规、部门规章和规范性文件4个基本的组成部门。地方性法规和地方性规章都不属于海关法律体系的范围。

19. ABD

20. ABC　**解析**：中央电视台是国家机关单位，不能在外经贸主管部门办理备案登记，属于未取得对外贸易经营者备案登记表但按照国家有关规定需要从事非贸易性进出口活动的单位。海关对于这样的单位不予以核发注册登记证书，仅出具临时报关单位注册登记证明。

21. ABCD　　22. ABCD

三、判断题

1. 错　**解析**：间接代理是指报关企业在进行报关的时候以报关企业自身的名义向海关办理报关。

2. 错　**解析**：以报关企业自身的名义向海关办理进出口报关手续是间接代理，不是直接代理。

3. 错　**解析**：所携运物品在数量上和价值上都超过免税限额的旅客，适用于红色标志的通道。

4. 对

5. 错　**解析**：应该是先报检，再报关。

6. 对　　7. 对　　8. 对

9. 错　**解析**：应向海关传输预配舱单主要数据。

10. 错　**解析**：使馆和使馆人员运进机动车辆需递交使馆照会。

11. 对　　12. 对

13. 错　**解析**：《海关法》第二条规定，“中华人民共和国海关是国家的进出关境监督管理机关”。注意是进出“关境”而不“国境”。

14. 错　**解析**：前半句对，后半句错。我国海关现行领导体制是垂直领导体制，地方直属海关只对海关总署负责，不受地方政府领导。

15. 对

16. 错　**解析**：我国的国境包括港、澳、台地区，我国的关境不包括港、澳、台地区，所以应该是我国的关境小于国境。

17. 错

18. 错　**解析**：由海关代表国家行使征收关税职能，国内税由税务部门征收。

19. 错　**解析**：海关对进出境运输工具的检查不受海关监管区域的限制。

20. 对

21. 错　**解析**：题干所描述的不是直属海关，而是隶属海关。

22. 对

23. 错　**解析**：不是以公安部领导为主，而是以海关领导为主。

24. 对　　25. 错　　26. 对

27. 错　**解析**：需要经过直属海关关长或者其授权的隶属海关关长的批准。

28. 对

29. 错　**解析**：海关法律体系分为法律、行政法规、部门规章和规范性文件4个基本的组成部门。海关规章的效力等级低于法律和行政法规，以海关总署令的形式对外公布。规范性文件以公告形式对外发布。

30. 错 **解析**：海关统计是以实际进出口货物作为统计和分析的对象。

31. 对 32. 对 33. 对

34. 错 **解析**：海关行政规章以海关总署令的形式对外公布，海关行政规章可以设定对管理相对人的处罚。规范性文件以公告形式对外发布，不得设定对管理相对人的处罚。

35. 对 36. 错

37. 错 **解析**：要加盖报关专用章。

38. 错 **解析**：报关单位是指依法在海关注册登记的报关企业和进出口货物收发货人。

39. 错 **解析**：我国的报关企业大都采取直接代理报关。

40. 对

四、实务操作题

（一）任务 1：海关有权变卖处理超期未报关货物。该案中，截至 2014 年 2 月 28 日，货物已进境 3 个月了。

任务 2：变卖后所得用以抵缴以下费用：①变卖处理实际支出的费用；②运输、装卸、储存等费用；③进口关税；④进口环节海关代征税；⑤滞报金。

任务 3：当抵缴以上 5 项费用还有余额时，绮丽公司才有权申领余款。

任务 4：给杭州绮丽进出口公司的建议：①向法院提出撤诉申请；②向外高桥海关申请领回余款，以减少损失。

（二）任务 1：小丁到所在地的绍兴市商务局对外贸易处办理企业进出口经营权的备案登记手续，并提交备案资料，包括按要求填写的对外贸易经营者备案登记表、营业执照复印件、组织机构代码证书复印件等。

绍兴商务局在自收到孔乙己公司提交的上述材料之日起 5 日内办理备案登记手续，在对外贸易经营者备案登记表上加盖备案登记印章。

任务 2：小丁凭加盖备案登记印章的对外贸易经营者备案登记表在 30 日内到当地海关、检验检疫、外汇、税务等部门办理开展对外贸易业务所需的所有手续。此外，小丁还需到当地工商部门办理经营范围变更手续。在营业执照的经营范围中加入“货物及技术进出口”字样。至此，孔乙己公司才具备了从事进出口相关业务的资格。

任务 3：小丁携带材料到当地海关办理注册登记，根据本公司的性质，获得 10 位海关编码和中华人民共和国海关进出口收发货人报关注册登记证书。

第二章

报关与对外贸易管制习题与实训解析

一、单项选择题

1. A　2. B　3. C　4. B　5. C　6. B

7. A　**解析**：自动进口许可证明是对于货物而言的，技术进口许可证是对于限制进口技术而言的。

8. B　9. D　10. C

11. A　**解析**：注意进口许可证有效期与出口许可证有效期的区别。

12. D　13. D　14. B　15. C　16. D　17. A

18. C　**解析**：对实行“一批一证”进出口许可证管理的大宗、散装货物，以出口为例，溢短装数量在货物总量5%以内予以免证，其中原油、成品油在货物总量3%以内予以免证。对实行“非一批一证”的，在最后一批货物出口时，应按该许可证实际剩余数量溢装上限，即5%(原油、成品油溢装上为3%)以内计算免证数额。该信用证200吨，第一批出口100吨，实际剩余数量为100吨，第二批最多可出口103吨，因此该企业可凭该份出口许可证总共最多可出口203吨原油。

19. D　20. B　21. B　22. B　23. C　24. A

25. B　**解析**：废纸可以转关，其他固体废物不得申请转关。

26. C

27. B　**解析**：入境货物通关单属于出入境检验检疫管理制度的证件。

28. B　**解析**：自动进口许可证有效期为6个月，不能跨年度使用。

29. B　30. B　31. B

二、多项选择题

1. ABCD

2. ABD　**解析**：对外贸易管制的法律渊源不包括地方性法规、地方性规章、各民族自治区政府的地方条例和单行条例。

3. ABCD　4. ABCD

5. AB　**解析**：对外贸易管制按管理目的不同分为进口贸易管制和出口贸易管制，按管制手段不同分为关税措施和非关税措施。

6. AB　**解析**：目前我国限制进口货物管理按照其限制方式划分为许可证件管理和关税配额管理两种。选项C不能选，我国加入WTO后，作为WTO的成员国进口货物不允许采取绝对配额管理的措施。选项D中，实施货物自动进口许可管理的进口货物是属于自由进口的货物，不属于限制进口货物，题目问的是限制进口货物。

7. AB　8. AB　9. ABC　10. ABCD　11. ABC　12. ABCD　13. ABCD　14. CD

15. AB

16. ABC　**解析**：玉米、小麦、棉花、煤炭、原油、成品油这6类商品的出口许可证由配额许可证事务局签发。

17. ABCD　18. ABCD　19. AB

20. ABCD **解析**：要区分许可证的发证机构、两用物项和技术的发证机构、自动进口许可证的发证机构。

21. ABCD　22. AC

23. ABC **解析**：选项 D 出口纺织品标识，出口时要提供出境货物通关单，进口时不需要提供入境货物通关单。

24. AD

25. AD **解析**：进口许可证实行“非一批一证”制和“一证一关”制，出口许可证实行“一批一证”制和“一证一关”制。

26. ABD　27. ABC

28. ABC **解析**：废纸属于自动进口许可管理，报关时要提交自动进口许可证，废物报关必须要提交废物进口许可证及通关单。

29. BCD

30. AC **解析**：国家规定有数量限制的出口货物，实行配额管理；其他限制管理，实行许可证件管理。C 选项出口配额管理是一种绝对数量的限制。

三、判断题

1. 错 **解析**：我国对于旧衣服采取的是禁止进口管理。

2. 对

3. 错 **解析**：关税配额管理是一种相对数量的限制。

4. 错 **解析**：出口配额招标管理是采取招标分配的原则。出口配额许可证管理是通过直接分配方式进行分配。

5. 对　6. 错

7. 错 **解析**：我国对出口收汇管理采取的是外汇核销形式，对进口付汇管理也采取外汇核销形式。

8. 对　9. 对　10. 对　11. 对

12. 错 **解析**：如超出限额，则按照配额外税率征税。

13. 错 **解析**：即使超出限额，也是允许进口的，但要按配额外的税率来征税，其税率要比配额内税率高出很多。

14. 对　15. 对

16. 错 **解析**：自动进口许可证的有效期为 6 个月，不能跨年度使用。

17. 错　18. 对　19. 错　20. 错

21. 错 **解析**：在组织进口该类应证商品前，经营者应事先向主管部门申领进(出)口许可证。

22. 错 **解析**：实行“非一批一证”管理。

23. 对

24. 错 **解析**：“物种证明”分为“一次使用”和“多次使用”两种。一次使用的“物种证明”有效期自签发之日起不得超过 6 个月。

25. 对

26. 错 **解析**：实行“一批一证”制度。

27. 错 **解析**：不是中国银行，而是中国人民银行。

28. 对

29. 错 **解析**：进口可用作原料的废物，海关凭环境保护部签发的“废物进口许可证”和口岸检验检疫机构签发的“入境货物通关单”办理通关手续。

30. 错 **解析**：环境保护部签发的是“有毒化学品环境管理放行通知单”。

31. 对　32. 错　33. 对　34. 错　35. 错

36. 错 **解析**：应向新闻出版广电总局申请“进口音像制品批准单”。

37. 错 **解析**：临时保障措施可以采取提高关税的形式，最终保障措施可以采取提高关税、数量限制等形式。

38. 对

四、 实务操作题

(一) 任务 1：填制好的出口许可证见图 2-1。

中华人民共和国出口许可证

EXPORT LICENCE OF THE PEOPLE'S REPUBLIC OF CHINA NO. 628765

<table>
<tr><td colspan="3">1. 出口商：
Exporter
天津远洋进出口公司</td><td colspan="3">3. 出口许可证号：
Export licence No.</td></tr>
<tr><td colspan="3">2. 发货人
Consignor
天津远洋进出口公司</td><td colspan="3">4. 出口许可证有效期截止日期
Export licence expiry date
2014 年 12 月 31 日</td></tr>
<tr><td colspan="3">5. 贸易方式
Terms of trade
一般贸易</td><td colspan="3">8. 出口最终目的国(地区)
Country/Region of purchase
美国</td></tr>
<tr><td colspan="3">6. 合同号
Contract No.
08-H-26-099</td><td colspan="3">9. 付款方式
Payment
信用证</td></tr>
<tr><td colspan="3">7. 报关口岸
Place of clearance
天津新港海关</td><td colspan="3">10. 运输方式
Mode of transport
海洋运输</td></tr>
<tr><td colspan="3">11. 商品名称
Description of goods 板材</td><td colspan="3">商品编码
Code of goods 4407999099</td></tr>
<tr><td>12. 规格、等级
Specification</td><td>13. 单位
Unit</td><td>14. 数量
Quantity</td><td>15. 单价(USD)
Unit price</td><td>16. 总值(USD)
Amount</td><td>17. 总值折美元
Amount
in USD</td></tr>
<tr><td>20up×30up×300mmup</td><td>m³</td><td>15</td><td>300.00</td><td>4500</td><td>4500</td></tr>
<tr><td></td><td></td><td></td><td></td><td></td><td></td></tr>
<tr><td></td><td></td><td></td><td></td><td></td><td></td></tr>
<tr><td>18. 总计
Total</td><td>m³</td><td>15</td><td>300.00</td><td>4500</td><td>4500</td></tr>
<tr><td colspan="3">19. 备注
Supplementary details</td><td colspan="3">20. 发证机关签章
Issuing authority's stamp & signature
(发证机关签章)

21. 发证日期
Licence date</td></tr>
</table>

中华人民共和国商务部监制

图 2-1 出口许可证

任务 2：需要进行网上申领和书面申领。

第一步：登录商务部配额许可证事务局网站(www.licence.org.cn)，进入相关申领系统，按要求如实在线填写出口许可证申请表等资料。

第二步：在线查看出口许可证申请表申领状态，待复审通过后打印出口许可证申请表(一式两联)，并加盖公章。

第三步：将出口许可证申请表及相关材料递交商务部行政事务服务中心或地方商务主管部门。

任务 3：发证机关(商务部)在确认材料无误的前提下，需 20 个工作日才可发证。

（二）任务 1：进行商务情报搜索，查明硅钛铁是否属于实行出口许可证管理的范围。进出口货物的监管条件、税率是随时变化的，企业要随时掌握监管条件、税收政策的变化。为此，企业相关人员必须经常浏览以下两个网站：一是中国海关总署网站(www. customs. gov. cn)的“海关法规”栏；二是商务部网站(www. mofcom. gov. cn)的“政策发布”栏。

本任务中，登录商务部网站，点击“政策发布”，根据时间可以搜索到商务部、海关总署公布的《2015 年出口许可证管理货物分级发证目录》(公告 2014 年第 97 号)。具体网页如图 2-2 所示。

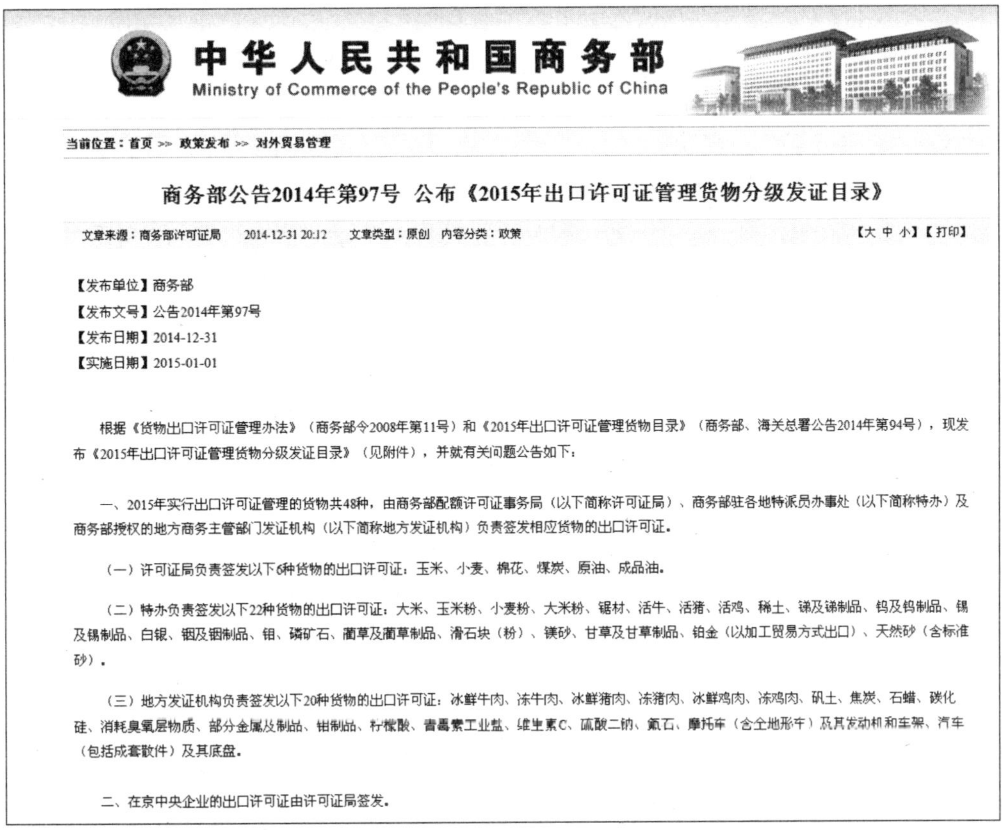
中华人民共和国商务部
Ministry of Commerce of the People's Republic of China

当前位置：首页 >> 政策发布 >> 对外贸易管理

商务部公告2014年第97号 公布《2015年出口许可证管理货物分级发证目录》

文章来源：商务部许可证局 2014-12-31 20:12 文章类型：原创 内容分类：政策 【大 中 小】【打印】

【发布单位】商务部
【发布文号】公告2014年第97号
【发布日期】2014-12-31
【实施日期】2015-01-01

根据《货物出口许可证管理办法》（商务部令2008年第11号）和《2015年出口许可证管理货物目录》（商务部、海关总署公告2014年第94号），现发布《2015年出口许可证管理货物分级发证目录》（见附件），并就有关问题公告如下：

一、2015年实行出口许可证管理的货物共48种，由商务部配额许可证事务局（以下简称许可证局）、商务部驻各地特派员办事处（以下简称特办）及商务部授权的地方商务主管部门发证机构（以下简称地方发证机构）负责签发相应货物的出口许可证。

（一）许可证局负责签发以下6种货物的出口许可证：玉米、小麦、棉花、煤炭、原油、成品油。

（二）特办负责签发以下22种货物的出口许可证：大米、玉米粉、小麦粉、大米粉、锯材、活牛、活猪、活鸡、稀土、锑及锑制品、钨及钨制品、锡及锡制品、白银、铟及铟制品、钼、磷矿石、蔺草及蔺草制品、滑石块（粉）、镁砂、甘草及甘草制品、铂金（以加工贸易方式出口）、天然砂（含标准砂）。

（三）地方发证机构负责签发以下20种货物的出口许可证：冰鲜牛肉、冻牛肉、冰鲜猪肉、冻猪肉、冰鲜鸡肉、冻鸡肉、矾土、焦炭、石蜡、碳化硅、消耗臭氧层物质、部分金属及制品、钼制品、柠檬酸、青霉素工业盐、维生素C、硫酸二钠、氟石、摩托车（含全地形车）及其发动机和车架、汽车（包括成套散件）及其底盘。

二、在京中央企业的出口许可证由许可证局签发。

图 2-2 商务部网站截图

点击打开该公告的附件 1，找到与硅钛铁有关的内容(见表 2-1)。

表 2-1 公告中与硅钛铁有关的内容

铁合金	7202210010	硅铁，含硅量大于 55%，小于 90%	千克
	7202210090	硅铁，含硅量大于 90%	千克
	7202290010	硅铁，含硅量大于等于 30%且不超过 55%	千克
	7202290090	硅铁，含硅量小于 30%	千克
	7202110000	锰铁，按重量计含碳量在 2%以上	千克
	7202190000	锰铁，按重量计含碳量不超过 2%	千克
	7202300000	硅锰铁	千克
	7202410000	铬铁，按重量计含碳量在 4%以上	千克

续表

铁合金	7202490000	铬铁,按重量计含碳量不超过4%	千克
	7202500000	硅铬铁	千克
	7202600000	镍铁	千克
	7202801000	钨铁	千克
	7202802000	硅钨铁	千克
	7202910000	钛铁及硅钛铁	千克
	7202921000	按重量计含钒量在75%及以上钒铁	千克
	7202929000	其他钒铁	千克
	7202930010	铁钽铌合金(钽含量<10%)	千克
	7202930090	其他铌铁	千克
	7202991100	钕铁硼合金速凝永磁片	千克
	7202991200	钕铁硼合金磁粉	千克
	7202991900	其他钕铁硼合金	千克
	7202999900	其他铁合金	千克

根据上述公告可知,国家对以加工贸易方式出口的钛铁及硅钛铁(商品编码:7202910000)实行出口许可证管理,出口企业需向企业所在地省级(直辖市、计划单列市)发证机构申领出口许可证。出口许可证实行"一批一证"管理。出口许可证有效期为许可证签发之日起6个月内有效。

任务2:通过查询海关通关系统中的商品综合分类表,查找监管条件。

据此可以知道,硅钛铁的监管条件是"4xy"。由海关监管证件代码表(见表2-2)查知:"4"代表出口许可证,"x"代表出口许可证(加工贸易),"y"代表出口许可证(边境小额贸易)。因为此货物以加工贸易方式出口,所以在报关时须向海关主动提交出口许可证和出境货物通关单。

表2-2 监管证件代码表

许可证或批文代码	许可证或批文名称	许可证或批文代码	许可证或批文名称
1	进口许可证	G	两用物项和技术出口许可证(定向)
2	两用物项和技术进口许可证	H	港澳OPA纺织品证明
3	两用物项和技术出口许可证	I	精神药物进(出)口准许证
4	出口许可证	J	金产品出口证或人总行进口批件
5	纺织品临时出口许可证	K	深加工结转申请表
6	旧机电产品禁止进口	L	药品进出口准许证
7	自动进口许可证	O	自动进口许可证(新旧机电产品)
8	禁止出口商品	P	固体废物进口许可证
9	禁止进口商品	Q	进口药品通关单
A	入境货物通关单	S	进出口农药登记证明
B	出境货物通关单	T	银行调运现钞进出境许可证
D	出/入境货物通关单(毛坯钻石用)	U	合法捕捞产品通关证明
E	濒危物种允许出口证明书	W	麻醉药品进出口准许证
F	濒危物种允许进口证明书	X	有毒化学品环境管理放行通知单

续表

许可证或批文代码	许可证或批文名称	许可证或批文代码	许可证或批文名称
Y	原产地证明	s	适用ITA税率的商品用途认定证明
Z	进口音像制品批准单或节目提取单	t	关税配额证明
a	请审查预核签章	v	自动进口许可证(加工贸易)
c	内销征税联系单	x	出口许可证(加工贸易)
e	关税配额外优惠税率进口棉花配额	y	出口许可证(边境小额贸易)
r	预归类标志		

任务3：初步预核该证件表面内容是否与其他报关单证的内容和数据相符。

审核出口许可证时，出口商、许可证有效期、贸易方式、商品的名称和数量、合同号、报关口岸等项目是重点审核项目。

经过预审，出口许可证上所批准的各项目与蓝科公司提供的发票和装箱单所载明的相关项目相符，苏州工业园区报关公司报关部可以进一步操作具体报关事宜。

第三章

海关监管货物的报关程序习题与实训解析

一、 单项选择题

1. B　2. B　3. B

4. A　**解析**：进口货物应当在进境地海关申报，出口货物应当在出境地海关申报。经收发货人申请，海关同意，进口货物可以在指运地海关申报，出口货物可以在起运地海关申报。

5. C　6. D　7. B　8. B　9. D　10. D

11. B　**解析**：选项A中，一般进出口货物不等于一般贸易货物；选项C中，实际进出口货物除特定减免税货物外，属于一般进出口货物；选项D中，外国政府无偿援助的物资属于特定减免税货物，只有涉及经济贸易活动或商业往来的赠送货物才属一般进出口货物。

12. C　**解析**：电子数据申报后，未在规定期限提交纸质报关单，被海关撤单需重新申报产生滞报的，计征起始日以自运输工具申报进境之日起第15日为起始日，以海关重新接受申报之日为截止日。5月9日申报进境，申报的最后期限为5月23日，从5月24日为滞报的计征起始日，海关于5月30日重新接受申报，滞报的计征截止日为5月30日，起始日和截止日均计入滞报期间，因此从5月24日至5月30日滞报7天。

13. D　14. A　15. B　16. B

17. A　**解析**：该题所述属于有正当理由撤销电子数据报关单的情形，其滞报期限的起始日为海关撤销电子数据报关单之日起第15日，截止日为海关重新接受申报之日。如题所述，电子数据报关单于5月20日撤销，滞报期的起始日为海关撤销电子数据报关单之日起第15日，即6月4日。而收货人于5月30日便向海关重新申报，海关当天即受理了申报并发出了现场交单通知。因此没有滞报情况产生，故滞报天数为0天。

18. B

19. D　**解析**：进口货物的申报期限为自装载货物的运输工具申报进境之日起14日内。运输工具申报进境之日起第15日为滞报的起始日，以海关接受申报之日为截止日。本题运载进口货物的运输工具于7月1日(周四)申报进境，7月1日加上15天为7月16日，即滞报金的计征起始日，海关于7月20日接受申报，则滞报的截止日为7月20日。起始日和截止日均计入滞报期间，则7月16日至7月20日为滞报期间，共滞报5天。

20. D　**解析**：本题运载进口货物的运输工具于7月1日(周五)申报进境，则申报的最后期限是7月15日(周五)。7月16日(周六)为滞报的起始日。滞报金的计征起始日如遇法定节假日，则顺延至其后第一个工作日。本题滞报金的计征起始日是休息日不是法定节假日，因此不能顺延。因此滞报的起始日为7月16日，海关于7月20日接受申报，滞报的截止日为7月20日。起始日和截止日均计入滞报期间，则7月16日至7月20日为滞报期间共滞报5天。

21. D　**解析**：补偿贸易进口设备属于一般进口货物的范围，一般进口货物报关无须经过后续阶段。

22. B

23. B　**解析**：收货人应该于运输工具申报进境之日起14日内向海关申报，6月7日加上14天，最迟的申报期限是6月21日。

24. D **解析**：收货人应该于运输工具申报进境之日起14日内向海关申报，9月14日加上14天，最迟的申报期限是9月28日(周五)。滞报金的计征起始日为9月29日(周六)，9月29日为休息日，不是法定节假日，因此不能顺延。因此，滞报金的计征起始日为9月29日，截止日为10月9日，起始日和截止日均计入滞报期间，共滞报了11天。

25. C **解析**：收货人应该于运输工具申报进境之日起14日内向海关申报，9月17日加上14天，最迟的申报期限是10月1日。滞报金的计征起始日为10月2日，10月2日为法定节假日，因此顺延至其后的第一个工作日。因此，滞报金的计征起始日为10月8日，截止日为10月9日，起始日和截止日均计入滞报期间，共滞报了2天。

26. D **解析**：收货人应该于运输工具申报进境之日起14日内向海关申报，4月16日加上14天，最迟的申报期限是4月30日。滞报金的计征起始日为5月1日，5月1日为法定节假日，因此顺延至其后的第一个工作日。因此，滞报金的计征起始日为5月2日，截止日为5月6日，起始日和截止日均计入滞报期间，共滞报了5天。

27. D **解析**：收货人应该于运输工具申报进境之日起14日内向海关申报，6月7日加上14天，最迟的申报期限是6月21日(周五)。滞报金的计征起始日为6月22日(周六)，6月22日为休息日，不是法定节假日，因此不能顺延。因此滞报金的计征起始日为6月22日，截止日为6月24日，起始日和截止日均计入滞报期间，共滞报了3天。

28. A **解析**：收货人应该于运输工具申报进境之日起14日内向海关申报，4月17日加上14天，最迟的申报期限是5月1日。滞报金的计征起始日为5月2日，5月2日不是法定节假日，因此不能顺延，因此滞报金的计征起始日为5月2日，截止日为5月3日，起始日和截止日均计入滞报期间，共滞报了2天。

滞报金＝完税价格×0.5‰×滞报天数＝80 500×0.5‰×2＝80.5(元)，1元以下部分免征，所以应缴纳的滞报金为80元。

29. A **解析**：应补交滞报金＝(300 000－270 000)×0.5‰×3＝45(元)。因完税价格调整导致补征滞报金的，金额不足50元，免予征收。

30. D　31. A　32. C　33. B　34. C　35. B　36. B

二、多项选择题

1. ABC
2. BC **解析**：一般进出口货物申报时不需要提交合同，租赁货物申报时才需要提交合同。
3. ACD **解析**：选项B属于暂准进出口货物，其他都属于一般进出口货物。
4. ABD
5. BCD **解析**：选项A属于法定减免税货物。
6. BC **解析**：选项A和D属于特殊单证。
7. AC　8. ABCD　9. ABCD　10. ABCD
11. BCD **解析**：选项A不正确，应提交的是进出口货物报关单修改/撤销申请表。
12. ABCD
13. BCD
14. ABC
15. BC **解析**：海关对各种监管模式下的保税加工货物的管理，主要可以归纳为以下5点：①商务审批；②备案保税；③纳税暂缓；④监管延伸；⑤核销结关。海关对各种监管形式下的保税物流货物的管理，可以归纳为以下5点：①设立审批；②准入保税；③纳税暂缓；④监管延伸；⑤运离结关。要注意将保税加工货物的管理与保税物流货物的管理区分开。
16. AC　17. ACD　18. ABD
19. ABC **解析**：选项D中，应按从价税征收，而不是按从量税征收。

三、 判断题

1. 对　2. 错　3. 错　4. 错　5. 对　6. 错

7. 错　**解析**：一般进口货物的监管期限是自货物进入关境起到海关放行止。保税货物的监管期限，自货物进入关境起到出境最终办结海关手续或转为实际进口最终办结海关手续止。

8. 对　9. 对　10. 对　11. 对　12. 对

13. 错　**解析**：一般情况下，进出口货物收发货人或其代理人应当先以电子数据报关单形式向海关申报，海关接受并审结电子数据报关单后，进出口货物收发货人或其代理人应当自接到海关"现场交单"或者"放行交单"通知之日起10日内，持打印的纸质报关单，备齐规定的随附单证并签名盖章，到货物所在地海关提交单证并办理相关海关手续。

14. 错　**解析**：海关发现进出口货物报关单需要进行修改或者撤销的，海关通知进出口货物收发货人或其代理人，收发货人或其代理人应当提交"进出口货物报关单修改/撤销确认书"。

15. 错　**解析**：对于经电缆、管道等方式输送进出口的货物，如水、原油、电力、天然气等，应由经营人按主管海关的要求，定期向海关申报。

16. 错　**解析**：起始日和截止日均计入滞报期间。

17. 错　**解析**：应为10日内。

18. 错　**解析**：收发货人或其代理人应当提交"进出口货物报关单修改/撤销申请表"。

19. 错　**解析**：海关接受申报的时间以海关接受电子数据报关单申报的日期为准。

20. 对

21. 错　**解析**：滞报金以人民币"元"为单位，不足1元的部分免征。要注意跟完税价格和税额区分开来，完税价格和税额计算至"分"。

22. 对　23. 对　24. 对　25. 对　26. 对

27. 错　**解析**：国家规定开展加工贸易业务应当由经营企业到加工企业的所在地主管海关办理加工贸易合同备案手续。

28. 对　29. 对

30. 错　**解析**：以企业为单元进行管理。

四、 实务操作题

（一）任务1：销售合同需列名的合同条款包括品名、规格、成交方式、装运港、目的港等，中英文对照。

任务2：不用办理异地报关备案手续。因为实现了电子口岸，当一个企业一家进出境海关备案之后，这个资料可通过电子口岸资料共享。

任务3：最迟应于2013年9月7日10:00am报关完毕。

任务4：报关员应不迟于9月1日提交书面单证并办理相关海关手续。需备齐的单证有出口报关单、出口收汇核单、装箱单、发票、装货单等。

任务5：不须缴纳税费，相反还可在办理外汇核销后向国税部门申请办理退税。

任务6：①查询是否需要出口批件，若要的话，须办理；②准备报关资料；③电子申报；④纸质申报；⑤陪同查验(若海关要查货的货)；⑥领取海关退单，办理出口收汇核销、出口退税。

（二）任务1：直转转关。

任务2："@"+16位转关申报单预录入号。

任务3：向海关缴纳1天的滞报金。

任务4：进口转关运输货物申报单、船舶监管簿。

（三）上海荣昌公司的报关员应该完成以下手续。

(1) 上海展出手续。

① 进境展览由境内展出单位的上级主管部门审批。上海市对外经贸委员会举办的展览，由商务部或上海市人民政府审批，所有参展的展品，均属于暂时进口货物。

② 凭商务部或上海市人民政府的有关批件、展品清单及其他展出资料，到上海海关展览物品主管部门虹桥办事处备案。

③ 物品到港后，填写进口货物报关单，并录入计算机进行申报，电子通关。

④ 向虹桥办事处提交进口货物报关单、装箱单、发票、提货单等有关单证。

⑤ 提供担保(缴纳与该批货物应交税款等额的保证金或提供担保函)。

⑥ 取得海关签章的提货单并据以提货。

⑦ 在布置展览时，陪同海关查验，负责搬移货物、开拆包装或重封包装。

(2) 青岛展出手续。

① 凭青岛展出单位上级主管部门的批件、展出清单及其他资料，到青岛海关备案。

② 向青岛海关提前报关转关或向上海海关申请办理直接转关的转关运输手续。

③ 在青岛海关办理展出手续、展览结束后再以转关运输的方式转运至上海到虹桥办事处办理有关手续。

(3) 展品赠送手续。

① 属于经贸往来的无偿赠送的物品，要由上海市对外经贸委员会上级主管部门审批，要办理有关机电产品进口批件，并应照章纳税。

② 凭上述批件办理报关手续，填写进口货物报关单并预录入，按一般贸易方式以进口 CIF 价格作为完税价格缴纳进口关税及增值税。

(4) 展品复运出境手续。

① 凭原进口货物报关单向上海海关办理展品的离境出口报关手续，该批货物最晚应于 2013 年 12 月 5 日运出境(进境展览品应在展览会结束之日起 3 个月内复运出境)。

③ 凭已办结海关手续的有关单证及担保收据向上海海关办理撤销担保手续，已缴保证金的，如数退还。

(四) 任务 1：国产料件进区，报出口，要有加工贸易纸质手册或者加工贸易电子账册、电子手册；要填写出口货物报关单，提供有关的许可证件；海关不签发出口货物报关单退税证明。

任务 2：部分产品出境，即实际出口，应签发出口货物报关单退税证明；可豁免许可证件；实行备案制；填写“进出境货物备案清单”。

任务 3：①部分产品进出境内区外，按实际流向来报，转为“一般进口”、“保税加工”、“特定减免税”。

残次口出区内销，视为一般进口，须补征关税，并交缓税利息。

边角料出区内销，也视为一般进口，须补征关税，但不需交缓税利息。

(五) 任务 1：办理上海展出手续。

(1) 进境展览要由境内展出单位的上级主管部门审批。上海公安局展出，由公安部或上海市人民政府审批。无线电设备要由“无管会”审批。暂时进口的“无管会”批件没有文号。展品属于暂时进口。

(2) 凭公安部或上海市政府批件、上海市“无管会”没有文号的批件、展品清单及其他展出资料到上海海关展览物品主管部门虹桥办事处备案。

(3) 物品到港后，填写进口货物报关单，预录入，电子通关。

(4) 向虹桥办事处交单：①报关单；②“无管会”批件；③发票、装箱单、提货单。

(5) 提供担保(保证金或保证函)。

(6) 取得海关加盖“放行章”的提货单。

(7) 提货。

(8) 在布置展出时，陪同海关查验，负责搬移货物、开拆包装、重封包装。

任务 2：办理杭州展出手续。

(1) 凭杭州展出单位上级主管部门的批件、展出清单及其他资料到杭州海关备案。

(2) 向杭州海关提前报关转关，或向上海海关直接转关，办理 40 万美元展品的转关运输手续。

(3) 在杭州海关办理展出手续，闭馆后再以转关运输的方式转运至上海，到虹桥办事处办理有关手续。

任务 3：展品闭馆出境前的仓储手续。

(1) 60 万美元留在上海的展品，应向虹桥办事处办理进入公共型保税仓库的海关手续。

(2) 从杭州运回的 40 万美元的展品也应向杭州办事处办理进入公共型保税仓库的海关手续。

任务 4：办理留购与赠送手续。

(1) 20 万美元的留购展品。

① 如 A 公司有进出口经营权，则可由 A 公司与参展商签订进口合同；如 A 公司无进出口经营权，则应委托有关外贸公司签订进口合同。

② A 公司填写进口报关单，预录入，电子通关，提供“无管会”有文号的批件和上海机电审查办的机电产品登记证明，以留购价作为完税价格缴纳进口税。

③ 凭已完税税款缴纳证和报关单以及海关签章的出库单从公共型保税仓库提取 20 万美元的无线电设备。

(2) 5 万美元的赠送展品。

① 属于经贸往来无偿赠送的物品，要有公安局上级主管部门审批批件、无线电审批批件和机电审查批件，要照章纳税；

② 凭上述 3 个批件办理报关手续，填写报关单，预录入，电子通关，按进口 CIF 价格作为完税价格缴纳进口税。

任务 5：办理销案手续。

(1) 20 万美元的留购展品和 5 万美元的赠送展品，凭已办结海关手续的有关单证来销案。

(2) 75 万美元的展品的出库离境报关后，凭相关证明材料来办理销案，并凭担保收据向主管海关办理撤销担保手续。

第四章

进出口商品归类习题与实训解析

一、单项选择题

1. A　2. D　3. A　4. A　5. A　6. C　7. D　8. C　9. A　10. B　11. B
12. C　13. D　14. B　15. B　16. B　17. A　18. C　19. B　20. C　21. C　22. D
23. B　24. B　25. C　26. C　27. C

28. D　**解析：** 选项D错误。商品归类不能确定时，不是按商品最相类似的商品归类，而应该按规则二至规则六依次使用。按最相类似的商品归类属于归类总规则四。

29. D　30. A　31. C　32. D　33. D　34. C　35. B　36. B　37. A

38. B　**解析：** 根据归类总规则三和规则四的规定，当货品看起来可归入两个或以上税目时，应按规则三的具体列名、基本特征、从后归类的原则进行归类。当上述归类没办法解决时，则按规则四的最相类似归类原则进行归类。

39. B　40. A　41. C　42. D　43. D　44. A

二、多项选择题

1. ABCD　2. ABD

3. AD　**解析：** 选项B和C在用途上不符合相互补充、配合使用的条件，因此不是"零售的成套货品"。

4. ABCD

5. ABD　**解析：** 选项A中，钢瓶属于重复使用的，因此要分别归类。选项B中，银制茶叶罐已构成物品的基本特征，要分别归类。选项D中，因为是分别进口，包装物不是与所装物品一同进口，因此要分别归类。

三、判断题

1. 对　**解析：** 根据归类总规则二(一)得知，可按"成品零件"归类。"具有制成品基本特征的未制成品"是指一个物品已具有了制成品的形状、特征，还不能直接使用，还需经加工才能使用。

2. 错

3. 错　**解析：** 当货品看起来可归入两个或两个以上税目时，采用归类总规则三，优先使用原则顺序为："具体列名原则"—"基本特征原则"—"从后归类原则"。

4. 对

5. 错　**解析：** 根据规则六的规定，商品在品目项下的各子目的归类应当按照子目条文和子目注释确定。

6. 错　**解析：** 所有进出口商品都必须根据归类总规则进行归类。归类总规则一规定，具有法律效力的归类应按品目条文和有关类注或章注确定。所以，如果某商品符合有关品目条文并且符合有关的类注或章注规定时，应该归入该品目，这实际上就是运用了归类总规则一确定归类。

四、商品归类题

1. 4203.2910　**解析：** 依据第42章章注一(二)的规定，以毛皮或人造毛皮衬里或作面的衣服及衣着附件归入品目4303和4304，但是手套除外，手套仍然归入42章。本题商品应归入品目4203。

2. 4203.3010　**解析**：依据第 42 章章注的规定，本题商品应归入品目 4203。

3. 4202.1190　**解析**：本题商品为品目条文列名商品。

4. 4202.9200　**解析**：依据第 42 章章注二(二)的规定，只要未构成商品的基本特征，仍归入品目 4202。

5. 4303.1010　**解析**：本题商品为品目条文列名商品。

6. 6110.2000　**解析**：按 6110 的品目条文，本题商品应归入品目 6110。

7. 4114.2000　**解析**：本题商品为品目条文列名商品。

8. 4202.1290　**解析**：依据第 39 章章注一，可以知道钢纸属于塑料，因此从品目 4202 品目条文的规定可知，应该归入 4202.1290。

9. 6302.5390　**解析**：其他纺织制成品归入 63 章，本题商品按品目条文归类。

10. 4303.1010　**解析**：依据第 43 章章注的规定，本题商品应归入品目 4303。

11. 4602.1930　**解析**：依据第 42 章章注二(一)2 的规定，编结材料制品不归入 42 章，柳条属于编结材料，因此柳条编结成的提箱属于编结材料制品，应归入品目 4602。

12. 4403.4990　**解析**：依据第 44 章子目注释的规定，本题商品是热带木。

13. 4408.3120　**解析**：制胶合板用的单板归入 4408。浅红色红柳桉木属于热带木，因此归入 4408.3120。

14. 4412.3100　**解析**：本题是胶合板，因此归入 4412。根据其厚度应归入第一个“一级子目”，其中的单板“巴西胡桃木”为热带木，因此归入 4412.3100。

15. 4412.9491　**解析**：本题为多层板材，因此归入 4412，由于每层薄板厚度为 7mm，因此不能归入第一个一级子目。再根据单板的成分，本题不含有非针叶木，因此应归入第三个一级子目。再根据题中的条件，其中的单板“巴西红木”为热带木，因此归入 4412.9491。

16. 9403.5010　**解析**：注意第 44 章章注一中本章不包括的情形。根据章注一(十四)得知，木制的家具应归入 94 章，而不是归入 44 章。

17. 4816.9090　**解析**：本题商品为品目条文列名的商品。

18. 4823.9090　**解析**：依据第 48 章章注十一的规定，本题商品应归入品目 4823。

19. 4823.6000　**解析**：本题商品按品目条文归类。

20. 4901.9900　**解析**：依据第 49 章章注三的规定，本题商品应归入品目 4901。

21. 4809.2000　**解析**：依据第 48 章章注八的规定，超过 36cm，归入 4809，不归入 4816。注意将 4809 跟 4816 做区别，主要是根据章注八来区分。

22. 4816.2000　**解析**：依据第 48 章章注八的规定，本题商品应归入品目 4816。

23. 4402.0000　**解析**：本题商品按品目条文归类。

24. 4819.1000　**解析**：本题商品按品目条文归类。

25. 4911.1010　**解析**：本题商品为品目条文列名的商品。

26. 4903.0000　**解析**：依据第 49 章章注六的规定，本题商品应归入品目 4903 。

27. 4814.2000　**解析**：依据第 48 章章注九(一)的规定，本题商品应按糊墙品归类。

28. 4602.9000　**解析**：依据第 46 章章注一的规定，塑料单丝属于编结材料，编结材料制品应归入第 46 章。

29. 4902.1000　**解析**：本题商品按品目条文归类。

30. 4823.9030　**解析**：按品目条文归类。

31. 4707.1000　**解析**：本题商品按品目条文归类。

32. 4906.0000　**解析**：本题商品按品目条文归类。

33. 4417.0000　**解析**：本题商品为品目条文列名商品。

34. 4418.2000　**解析**：本题商品按品目条文归类。

35. 4421.1000　**解析**：具体列名。

36. 4801.0000 **解析**：本题商品按品目条文归类。

37. 4706.2000 **解析**：本题商品按品目条文归类。

38. 4406.9000 **解析**：本题商品按品目条文归类。

39. 4503.9000 **解析**：本题商品按品目条文归类。

40. 4420.1012 **解析**：本题商品按品目条文归类。

41. 4413.0000 **解析**：本题商品按品目条文归类。

42. 4813.1000 **解析**：本题商品按品目条文归类。

43. 4814.9000 **解析**：本题商品按品目条文归类。

44. 4823.2000 **解析**：本题商品按品目条文归类。

45. 4818.2000 **解析**：本题商品按品目条文归类。

46. 4818.1000 **解析**：宽度 20cm，根据 48 章章注八规定，本题目不归入 4803。不超过 36cm 的应归入 4818。

47. 4908.9000 **解析**：本题商品为品目条文列名商品。

48. 4907.0010 **解析**：依据第 49 章章注一(四)，本题商品应归入第 49 章 4907 的品目。要注意归入 4907 的前提条件是没有使用过，而且是在承认其面值或将承认其面值的国家流通或新发行的。在我国流通的或在我国新发行的，并且没有用过的，归入到 4907。

49. 9704.0010 **解析**：注意 4907 与 9704 的区别。根据第 49 章章注一(四)的规定，本题应不归入 49 章。我国发行的使用过的邮票不能归入 49 章，而应归入第 97 章。再根据第 97 章章注四(二)的规定，归入 9704.0010。

50. 6212.2090 **解析**：根据第 61 章的章注二(一)得知，6212 的货品无论是针织还是非针织都归入 6212，不归入 61 章。

51. 5208. 3100 **解析**：归类时，先确定商品的名称，本题商品属于机织物，没有进行混纺，其纺织纤维是棉，因此在 52 章中查找，每章的排列基本上是按照纤维→纱线→织物的顺序排列品目的，因此在查找本题的品目时，应在 52 章后面的品目中查找。纯棉代表棉的含量为 100%，另外还要注意每平方米的重量，根据条件确定其 4 位数品目为 5208。本题为粉色的，可确定其一级子目为染色，再根据条件，确定其品目为 5208. 3100。

52. 5112.3000 **解析**：本题商品属于机织物，进行了混纺。根据混纺织物的归类步骤来归类。绵羊毛和骆驼绒都属于 51 章的品目，合并计算，含量比涤纶短纤的含量大，因此归入 51 章，精梳绵羊毛的含量大，因此按精梳羊毛的机织物归入 5112，再根据其他条件确定其品目。

53. 5201.0000 **解析**：本题商品按品目条文归类。

54. 5606.0000 **解析**：雪尼尔线是绳绒线，属于特殊纱线，绳绒线为 5606 品目条文列名商品。

55. 5110.0000 **解析**：根据第 51 章章注三，得知马毛属于动物粗毛，归入 5110。

56. 5606.0000 **解析**：粗松螺旋花线属于特种纱线，因此归入 56 章，在 5606 有具体列名，注意 5606 商品名称中做的特殊说明，马毛粗松螺旋花线不归入 5606。

57. 5110.0000 **解析**：粗松螺旋花线本应按特种纱线归类的，但是马毛的粗松螺旋花线作为特殊情况在 5110 中有具体列名，因此不归入 5606。

58. 5407.2000 **解析**：本题商品按合成纤维机织物归类。

59. 5111.9000 **解析**：本题由粗梳羊毛和精梳羊毛混纺而得，都属于毛类，因此归入 51 章，又由于粗梳羊毛的重量大，因此归入 5111。

60. 5207.1000 **解析**：具体列名。

61. 5212.1200 **解析**：应归入 5212。

62. 6109.1000 **解析**：依据第 61 章章注五的规定，本题商品应归入品目 6109。

63. 5102.1910 **解析**：依据第 51 章章注的规定，本题商品应按动物细毛归类。

64. 5701.9020 **解析**：依据第63章章注三(一)4的规定，本题商品不应归入品目6309，而应归入品目5701。

65. 5402.4600 **解析**：依据第54章章注的规定，聚酯属于合成纤维，本题商品是合成纤维长丝纱线。聚酯部分取向纱线为子目条文列名商品。

66. 5405.0000 **解析**：粘胶属于化学纤维中的人造纤维单丝，因此应归入54章。

67. 3916.9090 **解析**：根据十一类类注一(七)的规定，第十一类不包括截面超过1毫米的塑料单丝。因此不能归入11类，归入39章。

68. 5805.0010 **解析**：具体列名。

69. 5911.4000 **解析**：依据第59章章注七的规定，本题商品应归入品目5911。

70. 5911.2000 **解析**：本题属于工业用纺织制品。依据第59章章注的规定，本题商品应归入品目5911。

71. 6204.4910 **解析**：机织的服装归入第62章，按非针织的服装来归类。

72. 5407.9200 **解析**：锦纶和涤纶都属于化纤类，重量可以合并计算，大于羊毛的重量，因此按化纤归类，又由于锦纶的重量大于涤纶的重量，因此本题商品应按锦纶归类归入54章。锦纶属于合成纤维，因此归入5407。

73. 6211.1200 **解析**：机织服装归入62章，按非针织服装及衣着附件归类。本题商品应按6211的品目条文，归入品目6211。

74. 6309.0000 **解析**：依据第63章章注三(二)2和65章章注一(一)的规定，本题商品应归入品目6309。

75. 5211.3100 **解析**：本题商品属于机织物归类，棉的含量大，因此归入52章棉织物。再判断本题商品的一级"子目"到底归入漂白、染色、色织或其他，参见类注的子目注释(五)、(六)、(七)、(八)来判断。本题用漂白纱线和未漂白纱线交织而成的机织物，符合(六)漂白平纹织物3的情况，按漂白机织物来归类。

76. 5209.4200 **解析**：本题商品应按粗斜纹布归类，纯棉制得，因此归入52章。纯棉的粗斜纹布属于机织布，根据重量，归入5209。

77. 6306.4010 **解析**：充气褥垫属于制成品，归入第二部分，归入63章其他纺织制成品。

78. 5516.3200 **解析**：粘胶短纤的含量最大，因此按粘胶短纤机织物归类归入55章，粘胶短纤属于人造纤维短纤，因此按人造纤维短纤机织物归类归入5516。

79. 5601.1000 **解析**：本题婴儿尿布是制成品，归入第二部分。56章标题包括有絮胎，按品目条文归入品目5601纺织材料絮胎。

80. 5101.3000 **解析**：依据第51章章注一的规定，本题商品应按羊毛归类。

81. 6303.1220 **解析**：本题商品为品目条文列名商品，归入到第63章其他纺织品6303的窗帘。

82. 6309.0000 **解析**：依据第63章章注三(二)2的规定，本题商品应归入品目6309。

83. 6211.4910 **解析**：依据类注七(一)，本章所称的"制成的"，是指裁剪成除正方形或长方形以外的其他形状。另外根据品目的补充说明条件"完整的、女式的"以及归类总规则二的规定，本题的商品属于服装的未制成品，已经构成韩服的基本特征，因此本题应按制成品来归类。确定本商品属于服装，属于制成品，归入第二部分(56～63章)。再根据题意，机织的归入62章非针织的服装。归入6211的其他衣服归类。

84. 6116.9300 **解析**：针织制成品归入61章。具体列名。

85. 6111.2000 **解析**：婴儿用，应归入品目6111。

86. 6305.3300 **解析**：本题属于制成品，按其他纺织制成品归类，归入6503货物包装用袋。按品目条文归类。

87. 6307.9000 **解析**：依据第66章章注二的规定，不与伞一并归类。本题按其他纺织制成品归入第63章。

88. 6304.1921 **解析**：床罩是装饰用纺织品，本题商品按品目条文归类。

89. 6217.9000 **解析**：本题商品是衣服零件，按品目条文归类。

90. 6203.3200 **解析**：本题商品为品目条文列名商品。

91. 6302.2190 **解析**：本题商品是印花的床上用品，按品目条文归类。

92. 6001.1000 **解析**：针织织物在第60章查找，有具体列名。

93. 6403.9111 **解析**：本题商品按品目条文归类。

94. 6201.9290 **解析**：带风帽的防寒短上衣归入6201，本商品棉的含量比涤纶含量大，因此按棉制归类。

95. 5602.1000 **解析**：本题商品应归入第56章，应按品目条文归入品目5602。

96. 6110.1100 **解析**：依据第61章章注五的规定，本题商品不应归入品目6109。

97. 6307.1000 **解析**：本题商品按品目条文归类。

五、实务操作题

任务1：识货。汽车车辆类→货车→机动车→混凝土车→混凝土搅拌车。

任务2：可套用规则三(一)"具体列名"。

任务3：税则号为8705.4000。

任务4：登录上海海关网 http://shanghai. customs. gov. cn/default. aspx→查询→商品编码查询→输入商品编码，可知该混凝土搅拌车的海关监管条件为"AB6O"。A(入境货物通关单)、B(出境货物通关单)、6(旧机电产品禁止进口)、O(自动进口许可证)。对于本例来说只需要"AO"。

第五章

进出口税费习题与实训解析

一、单项选择题

1. C　**解析**：进出口税费是指在进出口环节中由海关依法征收的关税、消费税、增值税等税费。

2. A　**解析**：关税的征税主体是代表国家管理征税事务的海关。

3. C　**解析**：《海关法》第五十三条规定，准许进出口的货物、进出境物品，由海关依法征收关税。

4. B　5. A　6. D　7. A　8. A　9. B　10. C　11. A　12. D　13. C　14. A

15. A　**解析**：先计算缴纳税款的最后期限，4月17日加上15天为5月2日(周三)，因此纳税义务人最迟应缴纳税款的日期是5月2日。

16. B　**解析**：2012年6月8日填发专用缴款书，6月8日加上15天为6月23日(周六)，顺延至其后第一个工作日6月25日，即在6月25日缴纳税款不用交滞纳金，6月26日至6月27日为滞纳期间，共滞纳了2天。

关税滞纳金＝滞纳关税税额×0.5‰×2＝80 000×0.5‰×2＝80(元)

17. A

18. C　**解析**：计入项目包括：①除购货佣金以外的佣金和经济费用，佣金分为购货佣金和销售佣金，购货佣金也叫买方佣金，不计入完税价格，而销售佣金(卖方佣金)要计入完税价格；②与进口货物作为一个整体的容器费；③包装费(包括材料费、劳务费)；④协助的价值；⑤特许权使用费；⑥返回给卖方的转售收益。

扣减项目(不计入项目)包括：①厂房、机械、设备等货物进口后进行建设、安装、装配、维修和技术服务的费用；②货物运抵境内输入地点起卸后的运输及其相关费用、保险费；③进口关税、进口环节代征税及其他国内税收；④为在境内复制进口货物而支付的费用；⑤境内外技术培训及境外考察费用。

19. C　**解析**：选项A、B、D均为计入项目。

20. B　**解析**：本题目中计入项目包括卖方佣金。培训费和调试费不计入该货物的完税价格中。

完税价格＝机械设备＋卖方佣金＋运、保费
＝500 000＋25 000＋5000
＝530 000(美元)

21. C　**解析**：根据审价办法，进口货物的成交价格中，安装、装配、调试或技术指导的费用不包括在完税价格中，如果成交价格中已经包含这些项目，则将其从成交价格中扣除。如果成交价格中没有包含这些项目，则不计入该货物的完税价格。本题中，已经包括安装、调试费，需从完税价格中扣除，所以

完税价格＝100 000－6000＝94 000(美元)

22. D　**解析**：本题中，安装调试费、国内运费、进口关税都属于要扣减的项目，所以

成交价格＝200 000－8000－1000－1000＝190 000

23. B　**解析**：本题中安装及技术服务费用、买方佣金为不计入项目，卖方佣金为计入项目。所以

成交价格＝机械设备价款＋卖方佣金＝300 000＋1500＝301 500(美元)

24. B　**解析**：成交价格＝600 000＋2000＋80 000＝682 000(美元)。

25. D　**解析**：成交价格＝25 000＋40 000＋15 000＝80 000(港币)。THC为码头装卸费，属于国内发生的费用，不计入货物的完税价格。

26. C　**解析**：成交价格＝50 000＋20 000＝70 000(美元)。

27. D　**解析**：成交价格＝100 000＋10 000＋3000＝113 000(美元)。

28. C　**解析**：出口关税不计入完税价格，如果包含在成交价格中，则应扣除。

29. B

30. A　**解析**：内销的进料加工进口料件或其制成品，以料件原进口成交价格为基础审查确定完税价格。

31. C　32. A　33. C　34. C

35. D　**解析**：对于出口货物，在计算出口关税时，出口暂定税率优先于出口税率执行。

36. B　37. C　38. A

39. C　**解析**：该货物的产地是孟加拉国，孟加拉国是《亚太贸易协定》成员国，适用亚太贸易协定税率。

40. C　**解析**：该货物的产地是韩国，韩国是《亚太贸易协定》的成员国之一，适用协定税率，所以，

$$进口关税＝10000\times2\times7\times4.5\%＝6300(元)$$

41. A　**解析**：(1) FOB价＝(1000×7)－(1500＋50)＝5450(元)

(2) 出口货物的完税价格＝5450÷(1＋出口税率)

＝5450÷1.15＝4739.13(元)

(3) 出口税额＝完税价格×出口税率＝4739.13×15%＝710.87(元)

42. A　**解析**：4月28日开出缴款通知单，加上15天，缴款的截止日期为5月13日，但5月13、14日是星期六和星期天，因此缴纳税款的截止日期顺延至5月15日(星期一)。该公司滞纳的起始日为5月16日，截止日为5月18日，滞纳期间为3天。

$$关税滞纳金金额 = 20\,000 \times 0.5‰ \times 3 = 30(元)$$

$$增值税滞纳金金额 = 30\,000 \times 0.5‰ \times 3 = 45(元)$$

滞纳金按每票货的关税、增值税、消费税单独计算，起征点为50元。没有达到起征点的，免征滞纳金，因此本题答案为0元。

43. D　**解析**：海关于4月13日(周五)填发海关专用缴款书，加上15天，最后的缴款期限为4月28日，4月28日为周六，但是国务院临时调整休息日与工作日的，按调整后的情况来计算缴款期限。因此，本题中4月28日为工作日，不能顺延，最后的缴款期限为4月28日。4月29日为滞纳金的计征起始日，5月4日为滞纳金的截止日，起始日和截止日均包括在内，滞纳期间为4月29至5月4日，共6天。

44. D　**解析**：应征关税税额＝货物数量×单位税额＝6000×1.3＝7800(元人民币)。

45. A　**解析**：先计算滞纳的天数，4月16日加15天，最后的缴款期限本应为5月1日，由于5月1日为节假日，因此顺延至节后的第一个工作日，即最后的缴款期限为5月4日，从5月5日开始滞纳，5月6缴纳税款，共滞纳了2天。

$$关税滞纳金金额 = 15000 \times 0.5‰ \times 2天 = 15(元)$$

$$增值税滞纳金金额 = 30\,000 \times 0.5‰ \times 2天 = 30(元)$$

滞纳金按每票货的关税、增值税、消费税单独计算，起征点为50元。没有达到起征点的，免征。

46. B　**解析**：产地为日本，适用最惠国税率，应征关税＝50 000×2×7×7%＝49 000(元人民币)。

47. C

48. C　**解析**：选项C是无商业价值的广告用品，属于法定免税货物。选项A、B、D都属于特定减免税货物的范围。

49. B　**解析**：选项A中，应为关税税额在人民币50元以下的一票货物；选项C中，商业机构无偿赠送的物资属于一般进口货物；选项D中，应为在海关放行前遭受损坏或者损失的货物。

50. A　51. B　52. C　53. B　54. B

二、多项选择题

1. ACD　**解析**：选项B运输工具负责人缴纳的是船舶吨税，不是关税。

2. ABCD　3. ABCD

4. ACD　**解析：**石油、柴油、汽油不是按13%的税率征收增值税。

5. ABCD　6. BC　7. ABCD　8. ABC

9. ABC　**解析：**进口附加税是对进口货物除征收正税之外另外征收的进口税。进口附加税一般具有临时性，包括反倾销税、反补贴税、保障措施关税、报复性关税等。

10. ACD　**解析：**选项B中的护肤品不征收消费税。

11. ABD　**解析：**卖方佣金（销售佣金）要计入，买方佣金（购货佣金）不计入。

12. ABCD

13. ABCD　**解析：**不计入项目有5个，除了选项A、B、C、D四个之外，在境内复制进口货物而支付的费用也不计入货物的完税价格。

14. ABC　15. ABCD　16. ABCD　17. AB

18. ABCD　**解析：**特许权使用费是指进口货物的买方为取得知识产权权利人及权利人有效授权人关于专利权、商标权、转有技术、著作权、分销权或者销售权的许可或者转让而支付的费用。

19. ABCD　**解析：**在确定完税价格时，要按有关规定进行调整，包括有计入项目和扣除项目，协助价值属于计入项目。协助价值计入完税价格中应满足的条件要掌握，哪些协助费用应计入完税价格也要掌握。

20. CD　21. ABCD

22. BD　**解析：**选项A错误，内销的进料加工进口料件或其制成品，以料件原进口成交价格为基础审查确定完税价格。选项C错误，境外加工费和料件费及该货物复运进境的运输及相关费用、保险费审查确定完税价格。

23. BCD　**解析：**选项A错误，应按修理费和材料费确定完税价格，共计HKD 30 000。特殊进口货物完税价格的审定，每个规定都要理解掌握。

24. ABC

25. ABC　**解析：**选项D中，来料加工制成品内销时，以接受内销申报的同时或者大约同时进口的与料件相同或者类似的货物的进口成交价格为基础审查确定完税价格。

26. ABCD　27. CD　28. ABCD　29. ABCD

30. AC　**解析：**选项A错误，《中国—东盟合作框架协议》规定，进口货物的原产地证书自签发之日起1年内有效。选项B正确。选项C中，港、澳CEPA的原产地证明书，一个原产地证书只适用于一批进口货物，不可多次使用。特别优惠关税待遇原产地证明书的有效期为自签发之日起180日。

31. BC　**解析：**选项A中，执行国家有关税率减征政策时，应当在最惠国税率基础上计算有关税目的减征税率。选项D中，在选择适用的税率时，基本的原则是"从低适用"。

32. ABC　**解析：**选项D适用协定税率。特惠税率的进口货物有暂定税率的，应当从低适用税率。

33. CD　**解析：**选项A中，减免税货物经批准转让或者移作他用的，应当适用海关接受纳税义务人再次填写报关单申报办理纳税及有关手续之日实施的税率。选项B中，因纳税义务人违反规定需要追征税款的，应当适用违反规定的行为发生之日实施的税率。行为发生之日不能确定的，适用海关发现该行为之日实施的税率。

34. ABCD　35. BCD　36. AC

37. AD　**解析：**选项B中，税则归类改变标准是指原产于非成员国或者地区的材料在出口成员国或者地区境内进行制造、加工后，所得货物在《协调制度》中税则归类发生了变化。C选项中，区域价值成分是指出口货物FOB价格扣除生产过程中非该成员国（地区）原产材料价格后，所余价款在出口货物FOB价格中所占的百分比。

38. BCD　**解析：**选项A错误，应当适用的是海关接受该货物申报之日的税率，而不是申请人申报之日的税率。

39. ABD　40. ABCD　41. AD

42. BCD **解析**：选项 A 错误，属于法定减免税的范围。

43. BC **解析**：免征关税、进口环节增值税、消费税的包括：①科教用品；②科技开发用品；③救灾捐赠物资；④残疾人专用品。

44. ABCD 45. ACD

46. ABC **解析**：免征关税、进口环节增值税、消费税的包括：①科教用品；②科技开发用品；③救灾捐赠物资；④残疾人专用品。

47. AB **解析**：海关专用缴款书是缴纳税款的凭证，收入退还书(海关专用)是退税凭证。

48. BC

三、 判断题

1. 错 **解析**：消费税组成计税价格=(进口关税完税价格+进口关税税额)÷(1−消费税比例税率)。

2. 对

3. 错 **解析**：滑准税是当商品价格上涨时采用较低税率，当商品价格下跌时采用较高税率的一种关税。

4. 错 **解析**：应该是高于或等于 15 元/kg。

5. 对 6. 对 7. 错 8. 对

9. 错 **解析**：各类进出境人员不属于征税对象，运输工具所征收的不是关税，而是船舶吨税。

10. 错 **解析**：进口环节消费税采用价内税的计税方法，即计税价格的组成中包括了消费税。

11. 对

12. 错 **解析**：海关审定的进口货物的成交价格，是指卖方向中华人民共和国境内销售该货物时买方为进口该货物向卖方实付、应付的，并按有关规定调整后的价格总额，包括直接支付的价格和间接支付的价款。

13. 对 **解析**：返还给卖方的转售收益不能被合理确定的，不适用成交价格法。

14. 对 15. 错 16. 对 17. 对

18. 错 **解析**：海关以境外加工费和料件费以及运输及其相关费用、保险费审查确定完税价格。

19. 错 **解析**：进口货物成交价格法是《审价办法》中的第一种估价方法。

20. 对 21. 对

22. 错 **解析**：合理方法是 6 种估价方法的最后一种，应当依次适用：相同货物成交价格方法→类似货物成交价格方法→倒扣价格方法→计算价格方法→合理方法。

23. 对

24. 对 **解析**：出口货物完税价格=FOB−出口税，题目给出的是 CIF，换算公式为：FOB=CIF−运费−保险费。

25. 对

26. 错 **解析**：进出口货物的完税价格在人民币 10 万元以下或者关税及进口环节税总额在人民币 2 万元以下的。

27. 对 28. 对

29. 错 **解析**：对于适用 CEPA 项下进口的货物，纳税义务人应当主动向申报海关申明该货物适用零关税税率。

30. 对 **解析**：一个原产地证书只适用于一批进口货物，不可多次使用。

31. 对

32. 错 **解析**：不是向海关申报转为内销之日的税率，而应当适用海关接受纳税义务人再次填写报关单申报办理纳税及有关手续之日实施的税率。

33. 错 34. 对

35. 错　**解析**：能同时减免进口环节消费税的只有四种情形：①科教用品；②科技开发用品；③救灾捐赠物资；④残疾人专用品。

36. 对

37. 错　**解析**：海关对法定减免税货物一般不再进行后续管理，但是对于特定减免税货物有地区、企业和用途的限制，海关需要对其进行后续管理。

38. 错　**解析**：应是“途中”必需的燃料、物料和饮食用品。

39. 对

40. 错　**解析**：应该是在海关放行前遭受损坏或损失的货物才可以减免关税。

41. 错　**解析**：滞纳金的缴纳凭证应为“海关专用缴款书”，而不是“海关行政事业收费专用票据”。滞报金的缴纳凭证是“海关行政事业收费专用票据”。

42. 对　**解析**：因海关误征，致使纳税义务人多缴税款的，纳税义务人在 1 年内向海关申请退还多缴纳的税款。

43. 对　**解析**：纳税人应当自收到通知之日起 3 个月内办理有关退税手续。

44. 错　**解析**：纳税人应当自收到通知之日起 3 个月内办理有关退税手续。

45. 错　**解析**：应当是自收到通知之日起 3 个月内办理退税手续。

46. 错　**解析**：是 1 年，而不是 3 年。

47. 错　**解析**：是 1 年，而不是 3 年。

48. 对

49. 错　**解析**：是 1 年，而不是 3 年。

50. 对　**解析**：海关采取强制措施时，对纳税义务人未缴纳的数款滞纳金同时强制执行。

51. 对　**解析**：进口环节增值税已予抵缴的除国家另有规定外不予退还，已征收的滞纳金不予退还。

52. 错　**解析**：加工贸易保税货物缓税利息的利率为中国人民银行公布的活期存款利率。

53. 对

四、计算题

1. (1) 计算进口关税。

进口关税税额＝进口货物数量×从量税税率
＝2000kg×1.30 元/kg
＝2600(元)

(2) 计算进口环节增值税。

进口环节增值税税额＝进口环节增值税计税组成价格×增值税税率
＝(进口货物完税价格＋进口关税税额)×增值税税率
＝(2000kg×1.95 美元/kg×6.1247 元/美元＋2600 元)×13%
＝(3900 美元×6.1247 元/美元＋2600 元)×13%
＝(23 886.33 元＋2600 元)×13%
＝26 486.33 元×13%
＝3443.22(元)

说明：买方支付的购货佣金按规定无须计入完税价格。

(3) 计算总的进口税额。

总计进口税额＝进口关税税额＋进口环节增值税税额
＝2600 元＋3443.22 元
＝6043.22(元)

答：该批冷冻整鸡应总计缴纳进口税费 6043.22 元。

2.（1）计算进口关税。

进口关税税额＝(3500 美元×10＋185 美元)×6.1247 元/美元×45%

＝35 185 美元×6.1247 元/美元×45%

＝96 973.91(元)

（2）计算进口环节消费税。

进口环节消费税＝[(进口关税完税价格＋进口关税税额)/(1－进口环节消费税税率)]

×进口环节消费税税率

＝[(35 185×6.1247＋96 973.91)/(1－10%)]×10%

＝34 719.05(元)

（3）计算进口环节增值税。

进口环节增值税税额＝（进口关税完税价格＋进口关税税额＋进口环节消费税税额）

×进口环节增值税税率

＝（215 497.57 元＋96 973.91 元＋34 719.05 元）×17%

＝59 022.39(元)

（4）计算总的进口税额。

总计进口税额＝进口关税税额＋进口环节消费税税额＋进口环节增值税税额

＝96 973.91 元＋34 719.05 元＋59 022.39 元

＝190 715.35(元)

答：该批进口货物应征进口关税 96 973.91 元、进口环节增值税 34 719.05 元、进口环节消费税 59 022.39 元，总计税额 190 715.35 元。

3. 首先确定滞纳天数，然后再计算应缴纳的关税、进口环节消费税和增值税的滞纳金。

税款缴款期限为 2014 年 5 月 24 日(周六)，但缴纳期限的最后一日是星期六、星期天或法定节假日，则关税缴纳期限顺延至周末或法定节假日过后的第一个工作日，即为 2014 年 5 月 26 日(周一)。

5 月 27 日至 6 月 5 日为滞纳期，共滞纳 10 天。

按照计算公式分别计算进口关税、进口环节消费税和增值税的滞纳金。

关税滞纳金＝滞纳关税税额×0.5‰×滞纳天数

＝24 000×0.5‰×10

＝120(元)

进口环节消费税滞纳金＝滞纳进口环节消费税税额×0.5‰×滞纳天数

＝18 900×0.5‰×10

＝94.5(元)

进口环节增值税滞纳金＝滞纳进口环节增值税税额×0.5‰×滞纳天数

＝35 100×0.5‰×10

＝175.5(元)

答：该公司应缴纳的滞纳金为 390 元。

五、综合实务题

1. C　2. A　3. C　4. B

5. D **解析：**

（1）　完税价格＝1320 美元×10(台)×6.1247 元/美元＝80 846.04(元)

（2）　进口关税税额＝80 846.04 元×10%＝8084.6(元)

（3）　进口环节增值税税额＝(80 846.04 元＋8084.6 元)×17%

＝88 930.64 元×17%＝15 118.2088(元)

(4) 总计进口税额＝8084.6 元＋15 118.2088 元＝23 202.81(元)

六、实务操作题

(一) 任务 1：首先应弄明白该设备进口是否属于一般进口货物。若是一般进口货物，则应征税；反之，则不用缴税，只需缴纳 3‰左右的手续费就够了。

该设备进口后，按“用途”来看，不是“企业自用”，而是属于“外贸自营内销”，进口后又转卖出去。所以，该设备属于一般进口货物，应在进出境阶段就征税。由于该货物从上海进境，所以应预先备好税款，等海关税单(税款缴款书)出来了，就可以即时纳税，加快通关速度，同时还可以节省一些码头费用，降低进口成本。

任务 2：确定该进口设备的完税价格。

进口关税等于完税价格乘以税率，要想计算出税款，应先确定完税价格。

海关确定完税价格。海关确定进口货物完税价格有 6 种估价方法：成交价格估价方法；相同货物成交价格方法；类似货物成交价格方法；倒扣价格方法；计算价格估价方法；合理方法。这 6 种估价方法必须依次使用。也就是说，只有在不能使用前一种估价方法的情况下，才可以顺延使用其他估价方法。倒扣价格方法和计算价格估价方法在海关同意的情况下，也可以颠倒顺序。

成交价格方法是一种最常用的确定完税价格的方法，它是以进口货物实际发票或合同中的成交价格为基础的一种估价。但是，按照《审价办法》的规定，进口货物的成交价格应当符合下列四项要求：①买方对进口货物的处置或使用不受限制，但国内法律、行政法规规定的限制、对货物转售地域的限制、对货物价格无实质影响的限制除外；②货物的价格不得受到使该货物成交价格无法确定的条件或因素的影响；③卖方不得直接或间接获得因买方转售、处置或使用进口货物而产生的任何收益，除非能够按照本办法第四条的规定做出调整；④买卖双方之间没有特殊关系。

该案例中，虽然该企业报关时向海关出具的发票价格为 CIF 50 000 美元/台，但是买卖双方当事人是有特殊关系的，卖方直接获得因买方转售进口货物而产生的收益，转售收益为 8000 美元。并且，同期海关掌握的相同货物的进口成交价为 CIF 60 000 美元/台。所以，海关向其征收税费时，该设备完税价格应为海关掌握的相同货物的成交价格，即 CIF 60 000 美元/台。

任务 3：计算出海关向宏远公司应征的税额。

该案例中提到，该设备的进口税率适用复合税，其中 CIF 50 000 美元/台以下(含 50 000 美元/台)的关税税率为单一从价税；CIF 50 000 美元/台以上的关税税率为 124 200 人民币元/台再加 5％的从价税。该设备的完税价格为 CIF 60 000 美元/台，其关税税率应为 124 200 人民币元/台再加 5％的从价税。所以，海关核定该企业的税额为：(60 000×6.1247×5％＋124 200)×200＝28 514 820(元人民币)。

(二) 任务 1：新加坡。

任务 2：协定税率为 12％。

任务 3：原产地证书(要求提交原产地证书正本和第三联)、报关单、提单、装箱单、发票等。若是经过第三国，还须第三国海关的未再加工证明文件。

第六章

进出口货物报关单填制习题与实训解析

一、单选题

1. D　**解析**：要熟悉报关单位经营单位的填写要求，经营单位由中文名称及经营单位编码组成。为了海关管理需要，经营单位代码由10位数组成。特别是第5和第6位所代表的含义要重点掌握。

2. B　**解析**：汽车运输免予填报。

3. C　**解析**：进口日期为运载所申报货物的运输工具申报进境的日期。

4. B　**解析**：本题中，进口货物发生中转，但在中国香港中转时并没有发生买卖关系，因为货物是由新加坡公司卖给中国内地企业的，所以起运国是新加坡，而不是中国香港，中国香港是装货港，英国是原产国。

5. B　**解析**：货物的收货人为发票中的收货人，是与新加坡某公司签订的出口合同，货物是卖给新加坡客户的，因此运抵国为“新加坡”。该批货物从新加坡运往智利，因此最终的目的国为智利。

6. D　7. C

8. D　**解析**：运费率、保险费率、杂费率都要带标记。

9. D　**解析**：最终目的国(地区)是指已知的出口货物最后交付的国家或地区，也即最终实际消费、使用或作进一步加工制造的国家或地区。本题货物最终运抵伦敦，因此最终目的国为英国。本题中，运抵国为日本。

10. C　**解析**：该批物资在美国市场采购，在洛杉矶装船，而且在东京转船时并没有发生商业性交易，因此起运国为洛杉矶所在的国家“美国”。进口货物对于发生中转的货物，不管有没有发生商业性交易，最后一个境外中转港为装货港。

11. C　**解析**：从尼龙布至女式服装，已经改变税号的4位数品目，因此，该服装的产地应为出口加工区，即“中国”。

12. B

13. A　**解析**：从企业的编码第6位“3”可判断，该企业为中外合资企业。根据填制规范，中外合资企业委托外贸企业进口投资设备的，“经营单位”栏填外商投资企业的中文名称及编码，并在备注栏注明“委托辽宁省机械设备进出口公司进口”。

14. D　**解析**：散装货物件数栏应填“1”，包装种类为“散装”。

15. C　**解析**：裸装货物件数栏应填“1”，包装种类填“裸装”。

16. B　**解析**：货物进行最后实际性改变的国家(地区)为该货物的原产国。本题中最后是由韩国组装成整机的，因此原产国(地区)为韩国。

17. C　**解析**：一张报关单最多可打印5项商品。

18. C

19. D　**解析**：要掌握分批填报的其他情形。

20. B　**解析**：题目问的是该批钢材报关时的经营单位的填法，属于外商投资企业委托有进出口经营权的企业进口生产用原材料，应填报“代理方中文名称及编码”。

21. A　**解析**：题目问的是该批投资设备报关时的经营单位的填法，属于外商投资企业委托有进出口经营权的企业进口投资总额以内设备、物品的，经营单位应填“外商投资企业”，同时在报关单备注栏填上“委托××公司进口”。

22. C

二、多项选择题

1. BD **解析**：成交方式应为 CIF。

2. BCD

3. ACD **解析**：经营单位应填写“某合资企业”，并且在备注栏填“委托 A 进出口公司进口”，因此选项 A 和 C 都不正确。收货单位为进口货物在境内的最终消费、使用单位，即“某合资企业”，因此选项 B 正确，选项 D 错误。

4. BCD **解析**：选项 A 应为加工贸易设备或不作价设备。

5. ABD **解析**：选项 C 应填报为“0.3/1”。

6. CD **解析**：随附单据是指随进出口货物报关单一并向海关递交的单证或文件，合同、发票、装箱单、许可证不在随附单据栏内填报。

7. AB **解析**：选项 C 中，无实际成交价格(免费赠送的货样、广告品)应填报货值。选项 D 中，总价栏目应该填写 300 000。

8. ABCD

9. ABC **解析**：一份报关单可以填报多个集装箱号，在“集装箱号”栏填报一个集装箱编号及数量，其余集装箱编号打印在备注栏或随付清单上，因此选项 D 是错误的。

10. BCD **解析**：选项 A 中，外商独资企业在投资总额内进口的设备、物品，其贸易方式为“外资设备物品”。

11. ABCD　12. BCD

13. AC **解析**：关于需要分项填报的内容要特别注意，关于分单填报也要注意。

分单填报的情况主要有：不同运输工具、不同航次、不同提运单、不同贸易方式、不同备案号、不同征免性质的货物。实行原产地证书联网管理的，如涉及多份原产地证书或含非原产地证书商品，亦应分单填报。

分项填报的情况主要有：商品编号不同的、商品名称不同的、计量单位不同的、原产国(地区)/最终目的国(地区)不同的、币制不同的、征免不同的。

三、判断题

1. 对

2. 错 **解析**：同一张报关单上，可以允许填写不超过 5 项海关统计商品编号的货物，但需逐项填报清楚。

3. 对　4. 错

5. 错 **解析**：分两行填报及打印，第一行打印进出口货物规范的中文名称，必要时可加注原文；第二行打印规格型号。商品的英文名称并非缺一不可。

6. 错 **解析**：合同的签订者和执行者不是同一企业的，经营单位应按执行合同的企业填报。本题中，经营单位应为唐山煤炭分公司及其单位编码，即“唐山煤炭分公司 043091××××”。

7. 错 **解析**：经营单位编码第 6 位数为“1”的企业经济类型是“有进出口经营权的国有企业”。

8. 对 **解析**：经营单位编码第 6 位数为“8”的单位是“只有报关权没有进出口经营权的企业”，不得作为经营单位填报。

9. 对　10. 对　11. 对　12. 对

13. 错 **解析**：“出口退税证明联”是对已经申报出口、并已装运离境的货物所签发的证明文件。

14. 错 **解析**：不同合同的货物应分别填写报关单。

四、实务操作题

(一) 填制好的进口报关单如图 2-3 所示。

中华人民共和国海关进口货物报关单

预录入编号： 海关编号：

进口口岸 大连海关	备案号	进口日期	申报日期
经营单位 2101930××× 沈阳沈港电器产业有限公司	运输方式 江海运输	运输工具名称 BIBI/018	提运单号 SYU-3129
收货单位 2101930××× 沈阳沈港电器产业有限公司	贸易方式 一般贸易	征免性质 一般征税	征税比例

许可证号	起运国(地区) 美国	装货港 横滨	境内目的地 21019

批准文号	成交方式 CFR	运费	保费 502/500/3	杂费 502/-5486.42/3
合同协议号 LNLF011201HK	件数 60	包装种类 件	毛重(千克) 110 438	净重(千克) 105 123.4

集装箱号	随附单据	用途 企业自用

标记唛码及备注 LNLF011201HK
DALIAN
SPEC SIZE
N/WT. G/WT.
C/NO:1-60
#UNITED

委托辽宁外贸集团公司进口

项号	商品编号	商品名称、规格型号	数量及单位	原产国(地区)	单价	总价	币制	征免
01		冷轧不锈钢带 0.5×1000×200CM	105123.4 千克 105.1234 公吨	美国	521.9025	54 864.17	USD	照章征税

税费征收情况

录入员 录入单位	兹声明以上申报无讹并承担法律责任	海关审单批注及放行日期(签章) 审单 审价
报关员 单位地址 邮编 电话	申报单位(签章) 填制日期	征税 统计 查验 放行

图 2-3 进口货物报关单

（二）查错改正处：

B　改为：大连海天服装有限公司 2115930064

G　改为：D/A

O　改为：EASU9608490/20/自重

P&Q　改为：

01	女羽绒短上衣
03	
02	男羽绒短上衣
02	

第七章 与报关工作相关的法律制度习题与实训解析

一、单选题

1. A　2. C　3. D　4. D

5. A　**解析**：易货交易进出口货物属于一般进出口货物。对于一般进出口货物，海关的稽查期限是自货物放行之日起3年内。

6. C　7. A　8. A　9. B

10. A　**解析**：选项B中，对无法或者不便扣留的货物、物品或者运输工具收取的担保资金，属于抵押金。选项C中，海关尚未确定商品归类、完税价格等征税要件而收取的担保资金，属于保证金。选项D中，对缉私、稽查查获的执行风险较大的追征补征税款情事的，属于保证金。

11. C　12. D　13. C　14. D　15. C　16. A　17. B　18. D　19. B　20. B
21. B　22. D　23. A　24. B　25. A　26. D　27. A　28. A　29. A

二、多项选择题

1. ABCD　2. AB

3. ABC　**解析**：边境小额贸易货物列入海关统计，边民互市贸易进出货物不列入海关统计。

4. ABCD

5. ABD　**解析**：选项C属于列入海关统计的货物。

6. BCD

7. ACD　**解析**：选项B中，出口关税税额应当扣除。

8. AD

9. ACD　**解析**：径行稽查时仍需制发“稽查通知书”。

10. ACD　**解析**：选项B属于罚款1～5万元的情形。

11. BCD　**解析**：海关对与进出口活动直接有关的企业、单位实施稽查，不包括报关员。

12. ABCD

13. ABD　**解析**：知识产权中只有商标专有权可以申请总担保。

14. BCD

15. ACD　**解析**：国家对进出境货物、物品有限制性规定，应当提供许可证件而不能提供的，以及法律、行政法规规定不得担保的其他情形，海关不予办理担保放行。

16. ABCD　17. ABC　18. ABCD

19. BC　**解析**：租赁进出口货物收取的担保资金是风险担保金。对进境修理和出境加工收取的担保资金是保证金。

20. ABC　**解析**：为有关货物、物品、运输工具免予或者解除扣留、封存提供的担保，担保金额不得超过该货物、物品、运输工具的等值价款。

21. ABCD　22. ABC　23. BCD　24. ABCD　25. BCD　26. ACD　27. ABCD

28. AB　**解析**：选项C、D是按走私行为论处，而不是走私行为。

29. ABCD

30. ABC　**解析**：选项D不属于海关采取的措施，而是税收保全措施。当纳税义务人在海关依法责令其提供纳税担保，而纳税义务不能提供的时候，可以采取该措施。

31. ABCD

32. BCD　**解析**：选项A错误，应该是在60日内。

33. AC　**解析**：选项B错误，应该是3个月前。选项D错误，申请人不得就同一项海关事务向两个或者两个以上的海关提交行政裁定申请。

34. ABCD　35. ABCD

36. ABC　**解析**：选项D中，如果没有构成犯罪，则属于依法不追究刑事责任的走私行为。

37. ACD　**解析**：海关行政处罚中的救济手段包括行政申诉、行政复议、行政诉讼和行政赔偿。

38. AC　**解析**：选项B、D属于对违反海关监管规定行为的行政处罚。

39. BCD　**解析**：选项A中，对违规行为的行政处罚形式包括没收违法所得，但是不包括没收走私货物、物品。

40. ABD　**解析**：选项C是走私行为的行政处罚形式，不适用于违规行为的行政处罚。

41. ACD　**解析**：选项B应该是10万元以上。

42. ACD　**解析**：选项B中，应该是2年内3次以上用于走私的运输工具或者用于掩护走私的货物、物品，应当予以没收。

三、判断题

1. 对

2. 错　**解析**：我国进口货物按海关放行的日期进行统计，出口货物按海关结关的日期进行统计。

3. 对　4. 对

5. 错　**解析**：对于保税货物、特定减免税货物、暂准进出境货物等，海关的稽查期限是海关监管期限及其后的3年内。

6. 对　7. 错　8. 对　9. 对　10. 对　11. 对　12. 对　13. 对　14. 错　15. 对　16. 对　17. 对

18. 错　**解析**：海关应该告知当事人享有要求举行听证的权利。海关应当根据听证笔录做出海关行政许可决定。

19. 错

20. 错　**解析**：海关不能认定货物是否侵犯有关专利权的，收发货人向海关提供相当于货物价值的担保后，可以请求海关放行货物，海关应当放行并书面通知知识产权权利人。

21. 错　**解析**：有关知识产权未在海关总署备案的，知识产权权利人还应当随附有关知识产权的证明文件及证据。

22. 错　23. 对

24. 错　**解析**：由知识产权权利人支付货物在海关扣留期间的仓储、保管和处置等费用。

25. 对　26. 对

27. 错　**解析**：不得超过180日。

28. 对

29. 错　**解析**：应当按走私行为论处。

30. 对　31. 对　32. 对　33. 错　34. 对

35. 错　**解析**：必须是在特定的区域，即在内海、领海、界河、界湖，运输、收购、贩卖国家禁止或者限制进出境的货物、物品，或者运输、收购、贩卖依法应当缴纳税款的货物。

36. 错　**解析**：申诉可以向原海关，也可以向其上一级海关提出申诉。注意与海关行政复议区分开。

四、案例分析题

（一）（1）海关管理活动中产生的行政争议案件，一般可以通过行政复议和行政诉讼两个渠道解决。

（2）除纳税争议案件外，都可通过行政复议或行政诉讼渠道解决纠纷，由当事人自行选择。

通过行政复议解决纠纷，省时且程序简便；而通过行政诉讼渠道解决纠纷，相对行政复议要费时、程序也相对烦琐，但它是司法对行政监督的重要形式。

（二）（1）该公司可以向上级海关提出行政复议或向法院提起行政诉讼。

（2）行政复议应当向做出处理决定的上级海关提出，本案是由厦门海关做出的决定，厦门海关的上级海关是海关总署，因此应向海关总署提出行政复议。

行政诉讼应当向做出行政决定海关所在地的中级人民法院提出。

当事人选择进行行政复议的，对行政复议决定不服的，还可以再向法院提起行政诉讼。

（三）海关事务担保制度不同于民事担保制度，它在性质上应该属于行政担保。

在海关事务担保法律关系中，双方当事人的地位是不平等的，其中海关作为行政主体，享有相应的职权，海关事务担保的设立，包括担保方式的选择，海关享有认可的权力。当然，海关的认可权必须依法实施。

对于抵押担保的方式，国外立法有着截然不同的立法态度，法国《海关法》明确规定："由于抵押兑现有困难，因而不接受用不动产抵替担保"，而韩国《海关法》则规定可以采用不动产抵押的方式进行海关事务担保。

我国海关法律、法规没有就抵押担保是否适用做出明确规定，只是在一个开放式条款中有"海关认可的其他财产、权利"的规定。从这个规定可以看出，我国法律中并没有绝对排除抵押担保的方式，只是把是否适用的权力赋予了海关，如果海关认可的话，抵押担保的方式在我国也可以适用。

抵押担保方式的最大好处在于其可以最充分促进物的利用和增值，而弊端在于接受方对其处置上不如保证金、保函、权利质押等方式方便。所以跳出海关角度的限制，从促进物的流转和增值的角度看，抵押担保的方式有必要在海关事务担保中予以明确。

结论：被申请人有权拒绝接受申请人的房产抵押担保申请，被申请人的具体行政行为合法。

附录

“报关实务与操作”课程标准

一、 课程性质、任务与设计思路

（一）课程性质

“报关实务与操作”是报关与国际货运专业的一门专业核心能力课，也是考试课。学习“报关实务与操作”是加速通关速度、保证商品质量，使对外贸易活动顺利进行的必要保证，也是加快与国际接轨的需要。

（二）课程任务

结合报关水平测试考试的要求以及报关员的典型工作任务，通过本课程教学，使学生了解海关通关与进出口商品检验检疫的国内外法律、法规、机构、办理程序和方法等知识；掌握报关企业、报关员、海关基本知识及国家外贸管制的基本内容；熟练计算进出口过程当中关税、国内环节税及各种费用；掌握一般进出口货物、特定减免税货物、保税货物等的报关流程；填制进出口报关单等。通过实践操作，提高学生的主动性，在增强专业素质的同时培养学生的团队协作精神。

（三）课程设计思路

1. “基于工作过程”的课程设计

本课程的整体设计思路以报关员职业岗位典型工作任务为主线，分析典型工作任务所需要的职业素质与职业能力，构建报关实务课程的教学内容与教学活动的组织与设计，突出报关业务实践能力的培养。

2. “任务驱动、项目导向”的教学模式

本课程按照报关岗位典型工作任务构建授课内容，强调理论讲授与实训操作并举，不断加强业务操作技能的训练。主要包含六大教学项目：报关与海关管理、报关与对外贸易管制、海关监管货物的报关程序、进出口商品归类、进出口税费、进出口货物报关单填制。本课程在项目分析的基础上进行任务分解，确定该项目的典型任务及学习目标。学习任务的完成通过项目实施来进行。每个学习任务结束后，再通过大量的综合训练巩固基础知识，提高操作技能。

二、 课程教学目标

（一）知识目标

（1）认识报关业务及海关对报关的管理制度。
（2）了解与报关相关的法律、法规。
（3）掌握进出口货物通关制度。
（4）熟悉进出口商品归类和原产地管理基础知识。

（二）能力目标

（1）能够有效获取并整理、审核随附单证。
（2）准确填制各类海关监管进出口货物的报关单。

(3) 能够按照海关要求,进行电子申报及现场交单,配合海关查验。
(4) 办理报批、报核业务。
(5) 核算应税货物的完税价格,进行税费计算。
(6) 对商品进行正确归类。

(三) 素质目标

(1) 具备统筹协调、综合运用以及创新能力。
(2) 具备爱岗敬业、吃苦耐劳的良好职业道德。
(3) 具有合作意识和协作精神。
(4) 具有自主学习能力和自我提高能力。

三、 课程内容标准和要求

(一) 课程整体设计

序号	项目	任务	要求(职业资格标准)	实训设计	参考学时
1	报关与海关管理	任务一 报关单位与海关管理 任务二 报关员与海关管理	**相关知识**:海关对报关单位、报关员的管理知识 **能力要求**:能够办理报关单位海关注册登记、变更、延续、注销手续	1. 模拟演练,让学生分海关、企业、工商部门等角色进行模拟,掌握不同类型的报关单位注册登记的流程及所需缴纳的相关资料 2. 分角色模拟,去不同部门办理相应手续	8
2	报关与对外贸易管制	任务一 我国对货物、技术进出口的许可管理 任务二 我国其他对外贸易管制制度	**相关知识**:掌握进出口贸易管理基础知识,包括货物进出口许可制度、货物进出口许可措施、许可证件及报关规范、对外贸易救济措施 **能力要求**:根据货物性质办理相关许可证件	1. 利用教学软件,识别不同种类的海关监管证件 2. 学生分为商务主管、报关员的角色,分组演练许可证件的申领	10
3	海关监管货物的报关程序	任务一 一般进出口货物报关程序 任务二 保税加工货物报关程序 任务三 保税物流货物报关程序 任务四 特定减免税货物报关程序 任务五 暂准进出境货物报关程序 任务六 其他进出境货物报关程序	**相关知识**:进出口货物申报知识;海关电子通关系统知识;进出口货物海关查验知识;进出口货物海关放行知识;国家出口收汇、进口付汇管理知识;进出口货物转关知识;加工贸易企业海关联网监管知识;加工贸易合同备案、核销知识;加工贸易料件、制成品、残次品、副产品的海关处理知识;海关对加工贸易深加工结转的管理知识;海关对保税货物场所和海关特殊监管区域的管理知识;进口货物减、免税手续;进出口货物海关结关知识;海关对暂时进出境货物的管理知识;行政许可法基本知识 **能力要求**:能够进行电子数据报关单的录入、发送、查询与打印;能够按规定提交纸质报关单和随附单证;能够根据海关查验货物的要求进行搬移、开拆、重封包装、提取样品作业和确认海关查验记录;能够办理进出口货物海关审结后的放行手续;能够办理报关单证明联和进、出口货物证明书的申领签发手续;能够办理进出口货物的转关运输手续;能够办理加工贸易企业海关联网监管手续;能够办理加工贸易合同备案、备案变更、备案延期手续;能够办理加工贸易外发加工、异地加工申请手续;能够办理加工贸易的退运、退换、内销、放弃、结转手续;能够办理加工贸易深加工结转手续;能够办理加工贸易合同核销手续;能够办理货物进出海关保税场所、海关特殊监管区域和其他海关监管场所申请手续;能够办理特定和临时减免税货物的减、免税申请手续;能够办理暂时进出境货物的核准申请、销案手续	1. 报关操作流程排序 2. 分组模拟演练,分别扮演报关人员、关员、商务主管,模拟一般进出口货物、保税货物、暂准进出境货物的报关程序	30

续表

序号	项　目	任　务	要求(职业资格标准)	实 训 设 计	参考学时
4	进出口商品归类	任务一　《协调制度》归类总规则 任务二　商品归类技巧	**相关知识**：海关商品归类决定；海关商品归类行政裁定；海关商品预归类决定；进出口税则——统计商品及品目注释；进出口税则——统计商品本国子目注释 **能力要求**：能够获取、整理海关商品归类管理信息；根据《中华人民共和国进出口税则》、《进出口税则商品及品目注释》、《中华人民共和国进出口税则本国子目注释》及海关发布的商品归类决定、裁定等明确规定进出口商品编码	查找商品的 H. S. 编码练习	14
5	进出口税费	任务一　完税价格的确定任务二　原产地的确定及税率适用 任务三　税费计算与缴纳	**相关知识**：成交价格估价方法；相同或类似货物估价方法；进出口税费计算知识；滞报金、滞纳金的确定原则 **能力要求**：能够使用成交价格估价方法核算应税货物的完税价格；能够使用相同或类似货物成交价格估价方法核算应税货物的完税价格；能够计算应税货物的关税税额；能够计算应税货物的进口环节海关代征税税额；能够计算进出口税款退还、补征、追征金额；能够计算滞报金金额；能够计算滞纳金金额	1. 根据案例，判断进出口货物的完税价格 2. 计算进口关税、增值税、消费税、滞纳金和滞报金	14
6	进出口货物报关单填制	任务一　报关单表头内容的填制 任务二　报关单表体内容的填制	**相关知识**：报关单填制规范；进出口商品申报规范；计量单位的换算知识；海关通关信息化系统常用参数代码；申报货物完税价格的组成知识；进出口商品价格常识；海关监管方式、征免性质的知识 **能力要求**：能够根据报关随附单证确认货物的完税价格组成；能够根据报关随附单证确认申报货物的海关监管方式和征免性质；能够选择适用的纸质报关单；能够填制进口货物报关单；能够填制出口货物报关单；能够填制保税区、出口加工区等海关特殊监管区域进出境货物备案清单；能够填制转关运输货物申报单；能够填制进出境快件报关单	1. 进口报关单填制练习 2. 出口报关单填制练习 3. 报关单找错练习	14
合计学时					90
考核方式：考试					

（二）课程项目标准与要求

项目(模块、章)一　报关与海关管理	学时：8
理 论 支 撑	项 目 要 求
1. 报关概述、分类 2. 报关单位的概念、类型、注册登记 3. 报关单位的报关行为规则与海关法律责任	**知识要求**：熟悉报关单位的分类、注册登记手续与法律责任；掌握报关的类型 **能力要求**：能够准备相关资料，办理报关单位的海关注册登记手续 **素质要求**：具备从事报关工作的基本职业道德，具有遵纪守法的意识；具备沟通能力
教学组织形式：在“教、学、做一体化”教室进行，讲练结合	
教学方法和手段：采用讲授法、案例讨论法、演示法，利用教学软件和多媒体教学手段，进行理论基础知识的教学；采用分组模拟演练法，进行职业技能的训练	
实 现 步 骤	学习效果评价方式
1. 报关概述、报关的分类：采用讲授法、案例讨论法等。建议学时：1 2. 报关单位的概念和类型：采用讲授法、案例讨论法等。建议学时：2 3. 报关单位的注册登记：采用讲授法、演示法等，进行模拟演练，让学生分别扮演海关、企业、工商部门等角色进行模拟，掌握不同类型的报关单位注册登记的流程及所需缴纳的相关资料。建议学时：2.5 4. 报关单位的报关行为规则、海关法律责任：采用案例讨论法。建议学时：1 5. 报关员的概念与从业资格：采用讲授法、案例讨论法等。建议学时：1.5	1. 报关单位类型：课堂提问，教师评定 2. 报关单位注册登记：课堂练习，教师评定

续表

项目(模块、章)二　报关与对外贸易管制	学时：10
理 论 支 撑	项 目 要 求
1. 对外贸易管制的目的和分类 2. 对外贸易管制基本框架与法律体系 3. 禁止进出口货物和技术管理 4. 限制进出口货物和技术管理 5. 自由进出口管理 6. 对外贸易管制主要管理措施及许可证件申领流程	**知识要求**：了解我国对外贸易管制的主要内容；熟悉对外贸易经营者、检验检疫、外汇核销、贸易救济措施的管制内容；熟悉我国货物、技术进出口许可管理内容及报关规范；掌握对纺织品、废物、濒危物种、黄金、药品等的管制措施、凭证及相应的法律、法规的内容 **能力要求**：能站在海关角度，运用我国贸易管制主要管理措施处理有关案件；能根据不同进出口货物办理相关的进出口许可证件 **素质要求**：具备沟通协调能力；有遵纪守法意识
教学组织形式：在"教、学、做一体化"教室进行，讲练结合	
教学方法和手段：采用讲授法、案例讨论法、演示法，利用教学软件和多媒体教学手段，进行理论基础知识的教学；采用分组模拟演练法，进行职业技能的训练	
实 现 步 骤	学习效果评价方式
1. 对外贸易管制的目的和分类：采用讲授法、案例讨论法等。建议学时：1 2. 对外贸易管制的法律体系和基本框架：采用讲授法、案例讨论法等。建议学时：2 3. 禁止进出口货物管理、限制进出口货物管理：采用讲授法、案例讨论法等，让学生登录海关总署网站，学习并讨论海关关于进出口货物许可制度相关公告。建议学时：2 4. 对外贸易管制许可证件及申领：采用网络演示法，利用教学软件，识别不同种类的海关监管证件。让学生分别扮演商务主管、报关员的角色，分组演练许可证件的申领。建议学时：5	1. 进出口货物管理：课堂提问、练习，教师评定 2. 许可证件识别：利用软件练习，系统评定 3. 许可证件申领：分组练习，教师评定

项目(模块、章)三　海关监管货物的报关程序	学时：30
理 论 支 撑	项 目 要 求
1. 海关监管货物的分类 2. 一般进出口货物的报关程序：申报、配合查验、缴纳税费、提装货物 3. 集中报关、进出境快件的申报程序 4. 转关运输的申报程序 5. 保税加工货物的含义及特征 6. 海关对加工贸易货物的管理 7. 保税加工货物的备案、核销 8. 海关特殊监管区域货物的报关程序 9. 保税物流货物的范围及其报关程序 10. 特定减免税货物的含义、特征、范围及监管年限 11. 特定减免税货物的报关程序 12. 暂准进出境货物的定义、特征、范围 13. 使用 ATA 单证册的暂准进出境货物的报关程序 14. 不使用 ATA 单证册的展览品的报关程序 15. 过境、转运、通运货物的报关程序 16. 加工贸易不作价设备、无代价抵偿货物的报关程序 17. 退运货物的报关程序	**知识要求**：掌握一般进出口货物的通关四个环节；掌握保税加工货物的备案、进出境报关、后续手续；熟悉保税物流货物的分类及报关程序；掌握特定减免税的范围及特征与程序；了解暂准进出境货物的分类及相应的报关程序；熟悉出料加工、修理物品、退运货物、转关货物等的报关 **能力要求**：能够办理海关监管货物进出境阶段的报关手续；能够办理保税加工货物、保税物流货物、特定减免税货物的报批、报核业务；能够办理暂准进出境货物的报关业务 **素质要求**：具备报关员的沟通协调能力；具备团队合作意识；遵守相关法律法规
教学组织形式：在"教、学、做一体化"教室进行，讲练结合	
教学方法和手段：采用讲授法、案例讨论法、演示法、实物展示法等，利用教学软件和多媒体教学手段，进行理论基础知识的教学；采用分组模拟演练法，进行职业技能的训练	

续表

实现步骤	学习效果评价方式
1. 一般进出口货物的报关程序：采用讲授法、案例讨论法、模拟演练法；结合报关流程动画、教学软件流程训练，给出报关实例，由学生分组分角色进行模拟仿真练习，分别担任海关、银行、外汇局、企业工作人员，让学生熟悉海关一般监管制度下的货物报关程序与所需单证；报关单证采用真实单据样本。建议学时：4 2. 保税加工货物、保税物流货物的报关程序：采用实物展示、讲授法、案例讨论法、模拟演练法等，提供某加工企业来料加工或进料加工报关业务实例一个，由学生分组分角色进行模拟仿真练习，分别担任海关、银行、外汇局、企业工作人员，让学生熟悉海关保税加工监管制度下的报关程序。手册、报关单证等提供样本。建议学时：10 3. 转关运输货物的报关程序：采用案例讨论法、讲授法。结合教学实训软件，训练转关申报流程。建议学时：4 4. 特定减免税货物的报关程序：采用讲授法、案例讨论法、模拟演练法。提供某企业减免税进出口货物报关业务实例一个，由学生分组分角色进行模拟仿真练习，分别担任海关、银行、外汇局、企业工作人员，让学生熟悉海关减免税监管制度下报关程序。建议学时：4 5. 暂准进出境货物的报关程序：采用实物展示法、案例讨论法、模拟演练法。提供ATA单证册样本；提供展览品进出境案例，由学生分组扮演报关员、展会组织者、参展商、关员，演练暂准进出境货物的报关程序。建议学时：4 6. 其他进出境货物报关程序：采用讲授法、案例讨论法、练习法，结合教学软件，由学生完成退运货物的报关流程操作。建议学时：4	1. 海关监管货物的分类：课堂提问、练习，教师评定 2. 各类海关监管货物的报关程序：利用软件练习，系统评定

项目(模块、章)四　进出口商品归类	学时：14
理论支撑	项目要求
1.《协调制度》的产生与基本结构 2. 我国海关进出口商品分类目录的产生与基本结构 3. 进出口商品归类的依据、申报要求 4. 进出口商品预归类 5.《协调制度》归类总规则 6. 商品归类的一般方法及技巧	**知识要求**：了解《协调制度》及我国海关对进出口商品的分类；熟悉《协调制度》的基本架构；熟悉《协调制度》的六条归类总规则及其应用；掌握商品归类的简便方法 **能力要求**：能够识别商品编码的含义；归纳H.S.编码的排列规律；能够灵活运用六条归类总规则进行编码查找；能够快捷、正确地对商品进行归类 **素质要求**：具有学习能力；利用工具书、网络资源等解决问题，正确归类；不偷税漏税等职业基本操守
教学组织形式：在“教、学、做一体化”教室进行，讲练结合	
教学方法和手段：采用讲授法、案例讨论法、演示法，利用教学软件和多媒体教学手段，进行理论基础知识的教学；采用分组模拟演练法，进行职业技能的训练	
实现步骤	学习效果评价方式
1.《协调制度》的产生与基本结构：采用讲授法、案例讨论法等。建议学时：1 2. 我国海关进出口商品分类目录的产生与基本结构：采用讲授法、案例讨论法等。建议学时：1 3. 进出口商品归类的依据、申报要求：采用讲授法、案例讨论法等，让学生登录海关总署网站，学习并讨论海关关于进出口货物许可制度的相关公告。建议学时：1 4. 进出口商品预归类：采用讲授法、案例讨论法、模拟演练法，采用教学软件，让学生根据案例，填写预归类申请。建议学时：1 5.《协调制度》归类总规则，采用讲授法、案例分析法，讲解与实例相结合，由学生运用总规则，动手查阅编码。建议学时：5 6. 商品归类的一般方法及技巧：练习与讲授相结合，通过大量的查找编码练习，归纳总结商品归类的方法与技巧。建议学时：5	1.《协调制度》的基本结构：课堂提问、练习，教师评定 2. 商品预归类：利用软件练习，系统评定 3. 归类总规则：练习测验，教师评定 4. 归类方法与技巧：练习测验，教师评定

续表

项目(模块、章)五　进出口税费	学时：14
理 论 支 撑	项 目 要 求
1. 进出口税费概述 2. 进出口货物完税价格的确定 3. 进出口货物原产地的确定 4. 税率的适用 5. 进出口关税、增值税、消费税的计算与缴纳 6. 滞报金、滞纳金的计算与缴纳	**知识要求**：熟悉一般进出口货物完税价格审定的6种估价方法，掌握成交价格与完税价格的关系；掌握优惠原产地规则与非优惠原产地规则；熟悉原产地的认定标准，以及税率适用原则；了解进出口税费的种类；掌握进出口货物关税、增值税、消费税的计算与缴纳；掌握滞纳金、滞报金的计算与缴纳 **能力要求**：能够识别调整项目，根据货物的成交价格审定完税价格；能够正确判断货物的原产地，并且确定适用的税率；能够初步核算进出口货物的税费 **素质要求**：具备报关员的职业道德，有按时缴纳税费的意识与责任感
教学组织形式：在“教、学、做”一体化教室进行，讲练结合	
教学方法和手段：采用讲授法、案例讨论法、演示法，利用教学软件和多媒体教学手段，进行理论基础知识的教学；采用分组模拟演练法，进行职业技能的训练	
实 现 步 骤	学习效果评价方式
1. 进出口税费概述：采用讲授法、案例讨论法等。建议学时：1 2. 进出口货物完税价格的确定：采用讲授法、案例讨论法等。建议学时：2 3. 进出口货物原产地的确定：采用讲授法、案例讨论法等。建议学时：2 4. 税率的适用：采用讲授法、案例讨论法等。结合我国进出口税则，让学生分析案例中适用的税率。建议学时：1 5. 进出口关税、增值税、消费税的计算与缴纳：采用讲授法、案例讨论法，讲解与案例相结合，通过实例让学生掌握从价、从量、复合等不同情况下的进出口关税、消费税及增值税的计算方法。建议学时：4 6. 滞报金、滞纳金的计算与缴纳：采用讲授法、案例讨论法，练习与讲授相结合，通过实例让学生掌握滞报金与滞纳金的计算方法与过程。建议学时：4	1. 进出口税费的种类：课堂提问、练习，教师评定 2. 完税价格的确定：课堂练习，教师评定 3. 关税、增值税、消费税、滞报金、滞纳金的计算：练习测验，教师评定

项目(模块、章)六　进出口货物报关单填制	学时：14
理 论 支 撑	项 目 要 求
1. 报关单概述 2. 进出口货物报关单表头栏目填报 3. 进出口货物报关单表体栏目填报 4. 进出口货物报关单填制与找错要点	**知识要求**：掌握进出口口岸、备案号、进出口日期、经营单位等报关单表头栏目的填制规范；掌握项号、商品编号、商品名称、规格型号等报关单表体栏目的填制 **能力要求**：能够理解与报关相关的发票、装箱单、提单等单证各项目含义；能够准确填制报关单；能够根据报关业务实例，针对已填制好的一张报关单，查找其中的错误填写项，并能按照规范进行更正 **素质要求**：具备从事报关工作必需的认真、踏实的工作态度；按照规范要求办理业务
教学组织形式：在“教、学、做一体化”教室进行，讲练结合	
教学方法和手段：采用讲授法、案例讨论法、演示法、实物展示法，利用教学软件和多媒体教学手段，进行理论基础知识的教学；采用分组模拟演练法，进行职业技能的训练	
实 现 步 骤	学习效果评价方式
1. 报关单概述：采用讲授法、实物展示法，向学生展示各种类型的报关单样本。建议学时：1 2. 报关单表头、表体栏目的填制：采用讲授法、案例讨论法、模拟演练法等，让学生根据实际案例填制报关单各栏目。可利用教学软件进行报关单填制的练习。建议学时：8 3. 进出口货物报关单填制与找错要点：采用讲授法、案例讨论法等。结合往年的全国报关员考试题型进行练习。建议学时：5	1. 报关单的表头、表体栏目的填制：利用教学软件，系统评定 2. 报关单填制与找错要点：练习测验，教师评定

四、实施建议

（一）课程资源的开发和利用

1. 教材

不论是选用还是自编教材，其基本原则在于：内容具有先进性和前瞻性，与实际工作相衔接，符合开设专业的特点和专业要求，符合报关行业的发展情况。

2. 课堂教学资源的开发

充分利用现代教育技术可以增加信息量，丰富教学内容，提高单位时间的教学效率。以图文并茂、视听结合的感官刺激方式来吸引学生，可提高学生的学习兴趣；利用多媒体技术，即时引入相关材料，可以帮助教师描绘那些难以用语言表达的知识点，帮助学生对抽象、难懂问题的理解；利用动态演示，老师边演示边讲解，学生边观察边动手，学生的感性认识深刻，教学交互性极强，教学过程容易控制，教与学结合紧密，能突出教学过程中学生的主体地位。

3. 各类题库、案例库建设

在原有试题库基础上建立课程单元练习题题库、自测题库等，利用大量的课外练习巩固学生课堂所学并丰富其课外资源；建立案例库，通过典型案例锻炼学生自主分析和解决实际问题的能力。

（二）课程教学团队构成

1. 专任教师

具有大学本科及以上学历、"双师"素质或至少具备中级以上职称。

具有扎实的报关实务理论知识和一定的报关岗位经历，熟悉报关业务的内容及工作流程。

能够指导学生采用案例分析法、直观教学法、启发讨论法、课堂讲授法、案例引导法进行报关业务的项目示范教学。

具有良好的职业道德。

2. 兼职教师

外贸企业、报关行等从事报关相关工作的专业人员，能进行进出口货物报关业务操作、税费计算等的讲授。

海关中精通报关员专业考试，熟悉报关业务各种法律制度规定，对报关业务有深入研究的工作人员，能进行示范教学。

具有良好的授课水平与沟通技巧。

有不断学习的进取心，热爱教育事业。

（三）实训条件

1. 课堂项目化教学

平日教学在"教、学做一体化"教室进行，利用教学软件，讲练结合。通过"项目导向，任务驱动"的教学模式，以学生为中心，强调理论讲授与实训操作并举，不断加强业务操作技能的训练。课内实践主要以学生为主，教师为辅。学生针对报关业务典型问题和案例，分组讨论问题、分析案例，教师适时做指导和最终点评。

2. 模拟实训教学

重视案例教学、建设案例资源库。

建设网络实训平台，通过学生自己训练、分析实现对基本知识的运用和理解。

软件模拟，例如"报关实训基地"软件 2011 版（简称"CCTB2011"），以真实工作任务及其工作过程为依据，整合、序化实践教学内容，根据企业发展需要和完成职业岗位实际工作任务所需要的知识、能力、素质要求，选取实训教学内容，科学设计学习性工作任务，融“教”、“学”、“练”、“考”、“评”五大模块为一体。

3. 校外实训基地建设

建立实训基地，开展互惠共赢的合作。教学和实践注重校内与校外的有机衔接与融通，贯彻现代化教学理念，运用交互式沟通手段，以学生为主体，双向互动，进行实体与虚拟结合运作，让学生在实际工作环境中获得第一手材料，实现从理论到实践，从实践上升到理论的发展。

五、说明

（1）本课程标准为实施性标准，在具体教学中可根据形势变化做适当的取舍增减。

（2）本课程建议教学课时为90课时，其中理论教学课时与实训课时之比约为46∶44。

（3）“报关实务与操作”课程具有很强的实践性，在教学过程中要注重理论联系实际，结合当前报关实践进行。

参考文献

[1] 海关总署报关员资格考试教材编写委员会. 报关员资格全国统一考试教材[M]. 北京：中国海关出版社，2013.

[2] 陈鑫. 报关实务与操作[M]. 北京：化学工业出版社，2013.

[3] 罗兴武. 报关实务[M]. 北京：机械工业出版社，2013.

[4] 左武荣，吴雷. 海关实务[M]. 北京：北京大学出版社，2011.

[5] 俞学伟. 报关实务与操作[M]. 北京：化学工业出版社，2010.

[6] 杨频，刘晓伟. 报关实务与操作[M]. 北京：清华大学出版社，2012.

[7] 王慧敏. 报关实务[M]. 北京：中国发展出版社，2009.

[8] 朱占峰. 报关实务[M]. 北京：人民邮电出版社，2012.

[9] 武晋军. 报关实务[M]. 北京：电子工业出版社，2011.

[10] 张兵. 进出口报关实务[M]. 北京：清华大学出版社，2010.

[11] 郑俊田，张红. 海关实务[M]. 北京：对外经济贸易大学出版社，2010.

[12] 曲如晓. 海关实务[M]. 北京：机械工业出版社，2013.

[13] 王海燕. 海关实务[M]. 北京：北京理工大学出版社，2013.

[14] 仇荣国. 报关实务[M]. 北京：电子工业出版社，2012.

[15] 姜颖，徐丽. 报关实务[M]. 哈尔滨：哈尔滨工业大学出版社，2012.

[16] 谢国娥. 海关报关实务[M]. 上海：华东理工大学出版社，2012.

[17] 苏州工业园区海关. 报关实务一本通[M]. 北京：中国海关出版社，2012.

[18] 海关总署网站. http://www.customs.gov.cn.